COLLECTION BESCHERELLE

Les verbes allemands

Formes et emplois

Michel Esterle

HATIER

Conception maquette : Yvette Heller
Adaptation maquette : Isabelle Vacher
Mise en page : Catherine de Trégomain
Dessins : Domino

ISSN 0990 3771, ISBN 2-218-71748-4

But de l'ouvrage

1 Ce livre s'inspire des mêmes principes généraux que le **Bescherelle 1 français**. Il adopte la même structure et vise à assurer, pour l'allemand, une triple fonction :
- présenter les éléments essentiels d'une *grammaire du verbe*, tant par l'exposé grammatical placé en tête que par les renseignements contenus dans les tableaux et dans l'index ;
- aider à résoudre les problèmes de la conjugaison allemande par le renvoi systématique aux *54 tableaux* qui occupent sa partie centrale ;
- offrir en fin de volume un *index alphabétique* où sont répertoriés plus de 8 000 verbes avec leurs différents emplois.

2 La complémentarité de ses trois parties et la conception de l'index font de ce livre plus qu'un simple manuel de conjugaison.

3 Le **Bescherelle allemand** a été conçu pour répondre aux besoins d'un très large public, depuis la simple vérification d'une forme verbale (collège-lycée), jusqu'à l'étude suivie ou à la recherche d'exemples aisément transposables (étudiants, grand public).

Suggestions d'utilisation

Outil de référence, ce livre est avant tout destiné à apporter des solutions pratiques et immédiates. Il doit permettre une consultation rapide. On peut :

1 Soit se reporter directement à l'index : le numéro y figurant renvoie au tableau de conjugaison du verbe type et permet de retrouver par analogie la forme verbale recherchée.

L'emploi de l'auxiliaire *sein* est toujours indiqué dans l'index sous la forme *(ist)*. Dans tous les autres cas, on devra par conséquent employer *haben*.

ATTENTION

L'auxiliaire du verbe type ne convient pas nécessairement pour tous les verbes de la série. De même sont indiqués les cas des compléments du verbe ou les prépositions lorsqu'elles sont d'un emploi constant.

2 Soit se reporter au précis grammatical (v. plan détaillé de cette partie, pages 4 et 5) ou à la liste des verbes types qui figure en tête des tableaux pour faire le point sur un problème de morphologie ou de syntaxe.

Dans les tableaux, nous indiquons toujours en bas de page les verbes de la même série, surtout lorsqu'ils présentent un radical différent de celui du verbe type, ainsi que certains composés à particule verbale ou à préfixe.

●●●

Les informations réunies dans cet ouvrage doivent beaucoup à l'aide et à la collaboration d'Annette Lützkendorf : je tiens ici à l'en remercier très sincèrement.

Je serais également très reconnaissant aux utilisateurs de ce livre de bien vouloir me faire part de leurs critiques et de leurs suggestions aux Éditions Hatier — 8, rue d'Assas, 75006 Paris.

L'auteur

SOMMAIRE

PRINCIPALES ABRÉVIATIONS

A	accusatif	**jmm.**	jemandem (datif)
arch.	archaïque	**jmn.**	jemanden (accusatif)
aux.	auxiliaire	**litt.**	littéraire
C.O.D.	complément d'objet direct	**od.**	oder
		pers.	personne
D	datif	**pl.**	pluriel
etw.	etwas	**prép.**	préposition
fam.	familier	**qch.**	quelque chose
fb.	faible	**qn.**	quelqu'un
fr.	français	**rad.**	radical
G	génitif	**sép.**	séparable
GN.	groupe nominal	**sg.**	singulier
GV.	groupe verbal	**trans.**	transitif
imp.(es)	verbe impersonnel	**u.**	und
insép.	inséparable	**V**	verbe
inus.	inusité	**intr.**	verbe intransitif
(ist)	verbe conjugué avec l'auxiliaire *sein*	**v. réfl.**	verbe réfléchi

---

Les particules verbales accentuées (= séparables) sont imprimées en gras :
°**ab**fahren, °**an**kommen, °**weg**werfen, °**fertig**machen, etc.
(Pour les unités assimilées à des particules verbales, voir la grammaire p. 38).

Grammaire
du
verbe

N O T I O N S   D E   B A S E

●●●

1 On distingue en allemand deux grandes catégories de verbes : les verbes réguliers ou faibles, les verbes irréguliers ou forts.

- **Les verbes faibles** conservent toujours le même radical, celui de l'infinitif, et présentent au prétérit de l'indicatif la marque *-te* :

  spielen, jouer   →   *er spiel**-te**, il jouait* ou *joua.*

- **Les verbes forts** changent toujours de radical au prétérit :

  kommen, venir   →   *er **kam**, il venait* ou *vint.*

  Certains d'entre eux présentent aussi une voyelle différente au participe II (passé) :

finden	*er f**a**nd*	*er hat **gefunden**.*
trouver	*il trouvait* ou *trouva*	*il a trouvé.*

2 Le verbe a une fonction syntaxique : il permet d'organiser l'énoncé en mettant en relation ses divers éléments (sujet, compléments, adjectifs ou adverbes) ; il est le centre de la proposition, ce que l'allemand souligne par la seconde place du verbe dans la phrase énonciative :

    *Sebastian **findet** keine Arbeit.*
            V
    Sebastien ne trouve pas de travail.

Aux temps composés, c'est l'auxiliaire conjugué du verbe qui prend la seconde place :

    *Sebastian **hat** immer noch keine Arbeit **gefunden**.*
            V
    Sebastien n'a toujours pas trouvé de travail.
(V = élément conjugué du verbe)

3 En allemand comme en français, un verbe peut, selon son sens, admettre ou refuser dans son entourage telle ou telle catégorie de compléments : on parle à cet égard de **valence** ou encore de **rection du verbe**.

Il est nécessaire toutefois de distinguer dans un premier temps :

- les verbes transitifs et les verbes intransitifs,
- les verbes pronominaux et réfléchis,
- les verbes impersonnels.

4 Les verbes transitifs et intransitifs

- **Les verbes transitifs** ont un complément d'objet direct (C.O.D.) ; ce complément se met à l'accusatif :
    Das Kind wirft **einen Ball**.
    L'enfant lance un ballon.

- **Les verbes intransitifs** n'ont pas de complément d'objet :
    Dirk kommt, Mark geht.
    Dirk arrive, Marc s'en va.

- Certains verbes peuvent être à la fois transitifs et intransitifs selon leur sens.
    Fahren :   Wir fahren nach Berlin.   Mais :   Er fährt einen Mercedes.
                    Nous allons à Berlin.   Il conduit une Mercedes.

- D'autres verbes, transitifs en français, se construisent en allemand avec un complément au datif. C'est le cas, entre autres, pour danken (remercier), helfen (aider) et glauben (croire), etc.
    Ich danke **Ihnen**.   Kannst du **mir** bitte helfen?
    Je vous remercie.   Peux-tu m'aider, s'il te plaît ?
    (La rection du verbe est indiquée dans l'index de l'ouvrage.)

5 Les verbes pronominaux et réfléchis

- **Les verbes pronominaux** s'emploient exclusivement avec le pronom réfléchi à l'accusatif :
    sich beeilen   Beeile **dich!**
    se dépêcher   Dépêche-toi !
    sich irren   Ich habe **mich** geirrt.
    se tromper   Je me suis trompé.
    sich erholen   Haben Sie **sich** gut erholt?
    se rétablir (se reposer)   Vous êtes-vous bien reposé ?

- **Les verbes réfléchis** sont des verbes habituellement transitifs qui admettent la présence d'un pronom réfléchi (qui renvoie au sujet).
    Ich wasche **meine Hände**.   Ich wasche **mich**.
    Je me lave les mains.   Je me lave.
    Der Film hat **mich** gelangweilt.   Ich habe **mich** gelangweilt.
    Le film m'a ennuyé.   Je me suis ennuyé.

    On peut citer entre autres :

sich freuen	sich waschen	sich kämmen
se réjouir	se laver	se peigner
sich setzen	sich anziehen	sich legen
s'asseoir	s'habiller	se coucher

- On distinguera les verbes pronominaux et réfléchis de certains verbes transitifs qui peuvent être accompagnés d'un pronom réfléchi au datif (*mir, dir, sich*...) :

  *Ich sehe **mir** die Bilder **an**.*   *Hör **dir** das **an**!*
  Je regarde les photos.   *Écoute un peu cela !*

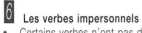

Les verbes impersonnels

- Certains verbes n'ont pas de sujet personnel, et leur conjugaison se réduit, comme en français, à la 3ᵉ pers. du singulier. Le pronom **es** fait alors fonction de sujet, il reste invariable (fr. = « il », parfois « on ») :

es regnet	*es schneit*	*es friert*	*es klopft*	*es klingelt*
il pleut	*il neige*	*il gèle*	*on frappe*	*on sonne à la porte*

- Certaines tournures impersonnelles ont un complément de personne à l'accusatif ou au datif :

  *es friert **mich**   es fällt **mir ein**   es scheint **mir***
  j'ai froid   il me vient à l'esprit   il me semble

  Le pronom personnel complément tend alors à se placer devant le verbe, et le pronom **es** disparaît :

  ***mich** friert, **mir** scheint, **mir** fällt gerade **ein**...*

- La tournure **es gibt**, *il y a*, est toujours suivie de l'accusatif.

  *Dieses Jahr gibt es **keinen Schnee**.*
  Cette année, il n'y a pas de neige.

 Attention : « il y a » ne se traduit pas systématiquement par **es gibt.**

L E S   F O R M E S   D U   V E R B E
●●●

- Le radical du verbe s'obtient en retranchant la terminaison **-en** (ou **-n**) de l'infinitif.
  Radical = infinitif **-(e)n**.

spielen, jouer	→	*spiel-*	*arbeiten, travailler*	→	*arbeit-*
tun, faire	→	*tu-*	*klingeln, sonner*	→	*klingel-*

- Parmi les formes verbales, on distingue :
  – les formes personnelles qui varient en personne et en nombre, et les formes impersonnelles ;
  – les temps simples, formés du seul radical associé aux marques verbales (*spiel-t, spiel-te*), et les temps composés, formés d'un auxiliaire conjugué et d'une forme impersonnelle du verbe (participe II ou infinitif) : *hat... **gespielt**, wird... **spielen**.*

1. LES FORMES IMPERSONNELLES

Infinitif I et Infinitif II

1 L'infinitif I (présent) est toujours terminé par **-en** ou **-n** :
spielen, gehen, kommen, sein, tun.

2 L'infinitif II (passé) est constitué du participe II du verbe et de l'infinitif de **haben** ou **sein**[1] :

gespielt haben	*getan haben*
avoir joué	avoir fait
gewesen sein	*gekommen sein*
avoir été	être venu

3 Au passif

Infinitif I → participe II du verbe + **werden** :

gefragt werden	*gerufen werden*
être interrogé	être appelé

Infinitif II → participe II du verbe + infinitif II de **werden** :

gefragt worden sein	*gerufen worden sein*
avoir été interrogé	avoir été appelé

Le participe II de **werden** se réduit à **worden** (v. conjug. du passif, **4a, 4b**).

Participe I et participe II

1 Participe I (présent)

a/ **verbes en -en (et le verbe *tun*)** : radical + **-end**

b/ **verbes en -eln et -ern** : radical + **-nd**

spielen	→	*spiel-*	→	*spiel**end**, jouant*
arbeiten	→	*arbeit-*	→	*arbeit**end**, travaillant*
gehen	→	*geh-*	→	*geh**end**, allant*
lächeln	→	*lächel-*	→	*lächel**nd**, souriant*
wandern	→	*wander-*	→	*wander**nd**, marchant*

- Le participe I correspond au **gérondif français** :
  *Das Kind lief **weinend** zu seiner Mutter.*
  L'enfant courut en pleurant vers sa mère.

---

1. Choix de **haben** ou **sein**, voir p. 16.

- Mais il est surtout employé comme **adjectif épithète** :
  *das **weinende** Kind*
  l'enfant en pleurs.

- ou comme **attribut** :
  *Er wurde **wütend**.*
  Il devint furieux.

2 Participe II (passé)

a/ verbes faibles : ***ge-*** + radical inchangé + ***-t*** (***-et*** pour les verbes du type **7**)

gespielt	*gearbeitet*	*gelernt*	*geöffnet*
joué	*travaillé*	*appris*	*ouvert*

b/ verbes forts : ***ge-*** + radical souvent modifié + ***-en***

getragen	*gerufen*	*gegeben*	*gekommen*
porté	*appelé*	*donné*	*venu*

mais :

gehen	→	***gegangen***, *allé, parti*
finden	→	***gefunden***, *trouvé*

- On ne met pas le préfixe ***ge-*** au participe II quand la 1re syllabe du verbe est inaccentuée, c'est-à-dire :
  – devant les verbes formés d'un préfixe inaccentué (inséparable ; voir p. 40) :
  be-**, **ge-**, **emp-**, **`ent-**, **er-**, **ver-**, **zer-**, **miss-**, **wider- :

be°suchen, rendre visite	→	***be°sucht***
er°zählen, raconter	→	***er°zählt***
emp°fangen, recevoir	→	***emp°fangen***
ver°sprechen, promettre	→	***ver°sprochen***

  – devant les verbes en *-ieren*, dérivés d'un mot français ou d'une racine latine :

stu°dieren, étudier	→	***stu°diert***
telefo°nieren, téléphoner	→	***telefo°niert***
spa°zieren, se promener	→	***spa°ziert***

- Les verbes formés d'une particule verbale accentuée (séparable : voir p. 37)
  °ab-**, **°an-**, **°auf-**, **°aus-**, **°ein-**, **°fort-**, **°weg-**, **°mit-**, **°vor-**, **°zu-**, **vor°bei-**, **zu°rück-, etc., conservent le préfixe ***ge-***, qui s'intercale entre la particule et le verbe :

°abholen, aller chercher	→	***°abgeholt***
°aufstehen, se lever	→	***°aufgestanden***

2. LES TEMPS SIMPLES

Ce sont le présent et le prétérit de l'indicatif, le présent du subjonctif I et le présent du subjonctif II.

Le présent de l'indicatif

1 **Le présent de l'indicatif** prend les marques personnelles : *-e*, *-st*, *-t*, *-en*, *-t*, *-en*.
*ich spiel-**e**, du spiel-**st**, er/sie/es spiel-**t**,*
*wir spiel-**en**, ihr spiel-**t**, sie spiel-**en**.*

La forme de politesse correspond en allemand à la 3e pers. du pluriel, mais le pronom personnel **Sie** prend obligatoirement une majuscule :
Spielen Sie Tennis, Herr Becker?
Jouez-vous au tennis, Monsieur Becker ?

2 Les verbes prétérito-présents (verbes de modalité + *wissen*) n'ont pas de désinence personnelle à la 1re et à la 3e personne du singulier :

ich **kann**	ich **will**	ich **weiß**
je peux	je veux	je sais
er **kann**	er **will**	er **weiß**
il peut	il veut	il sait

3 Certains verbes forts changent de voyelle radicale aux 2e et 3e personnes du singulier (voir p. 21).

Le prétérit

1 Les marques personnelles sont : zéro (noté *ø*), *-st*, zéro (*ø*), *-en*, *-t*, *-en*.
Elles sont communes à tous les verbes.

2 Les verbes faibles prennent le morphème *-te*, qui s'intercale entre le radical et la marque personnelle :
*ich spiel-**te-ø**, du spiel-**te-st**, er spiel-**te-ø**,*
*wir spiel-**te-n**, ihr spiel-**te-t**, sie spiel-**te-n**.*

3 Les verbes forts changent obligatoirement la voyelle du radical (alternance vocalique) :
geben → gab   nehmen → nahm   fahren → fuhr
et ne prennent pas de marque personnelle aux 1re et 3e personnes du singulier :
*ich **gab-ø**, du gab-st, er **gab-ø**.*

Au pluriel, les marques personnelles sont les mêmes qu'au présent :
>   *wir gab-en, ihr gab-t, sie gab-en.*

Le présent du subjonctif I

1
Le présent du subjonctif I se forme pour tous les verbes sur le radical de l'infinitif (toujours inchangé) auquel on ajoute la marque spécifique **e** + les marques de personne qui restent les mêmes que pour le prétérit.

>   *ich spiel-**e**-ø*   *ich geb-**e**-ø*
>   *du spiel-**e**-st*   *du geb-**e**-st*
>   *er spiel-**e**-ø*   *er geb-**e**-ø*

Au pluriel, la 1re et la 3e personne présentent des formes identiques à celles du présent de l'indicatif :

>   indicatif   *wir spiel-**e**-n*   *wir geb-**e**-n*
>   subjonctif   *sie spiel-**e**-n*   *sie geb-**e**-n.*

2 Remarque

En raison de l'absence de marques distinctives, la plupart des formes du subjonctif I tendent à disparaître en allemand actuel ; seule reste encore vivante la 3e pers. du singulier.

Les formes non vivantes (celles qui ne se distinguent pas de l'indicatif) **sont remplacées systématiquement par les formes correspondantes du subjonctif II.**

Le présent du subjonctif II

1
Le présent du subjonctif II se forme sur le prétérit de l'indicatif.

- Pour les verbes faibles, les deux formes sont identiques :

>   *ich/er spielte* → ind. prét.   *spiel + **te** + ø*
>   ↘ subj. II   *spiel + **t(e)** + e + ø*

- Pour les verbes forts, on ajoute au radical du prétérit le **e** du subjonctif + marque de personne. De plus, les voyelles **a**, **u**, **o** du prétérit sont toujours infléchies :

>   *geben*   →   prét. *gab*   →   subj. II   *g**ä**b-e-ø*
>   *g**ä**b-e-st*
>   *g**ä**b-e-ø*
>   *tragen*   →   prét. *trug*   →   subj. II   *tr**ü**g-e-ø*
>   *tr**ü**g-e-st*
>   *tr**ü**g-e-ø*
>   *fliegen*   →   prét. *flog*   →   subj. II   *fl**ö**g-e-ø*

Remarque

Cette forme du subjonctif est souvent remplacée par le futur : *ich würde fliegen* (sens du conditionnel présent français « je volerais »). Il en est de même pour *böge* (*biegen*), *böte* (*bieten*), *bäte* (*bitten*), *stände* ou *stünde* (*stehen*), *hälfe* ou *hülfe* (*helfen*), *stärbe* ou *stürbe* (*sterben*), etc.

La périphrase avec *würde* tend ainsi à se généraliser, sauf pour les auxiliaires (*wäre*, *hätte*) et les prétérito-présents (*könnte, möchte, müsste, wüsste*).

3

L'inflexion (*Umlaut*) permet à certains verbes de marquer l'opposition prétérit/subjonctif II à toutes les personnes du singulier et du pluriel : *wir gaben* ≠ *wir gäben*.

Cette opposition disparaît à la 1re et à la 3e personne du pluriel quand la voyelle du prétérit est *i* ou *ie* (꞉꞉) :

	fangen	▸	prét. *fing*	→	subj. II *ich/er finge*

Mais : *wir/sie fingen* (= prétérit de l'indicatif)

	fallen		→	prét. *fiel*	→	subj. II *ich/er fiele*

Mais : *wir/sie fielen* (= prétérit de l'indicatif)

3. LES TEMPS COMPOSÉS

Il faut distinguer les temps du passé, dont l'auxiliaire est **haben** ou **sein** (voir p. 16), et ceux du futur (auxiliaire **werden**).

Le parfait et le plus-que-parfait

La formation du parfait et du plus-que-parfait est identique au français :

1

Parfait (passé composé français)

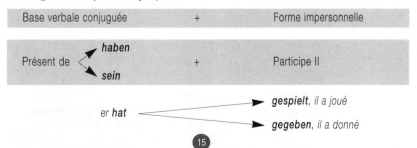

er **ist** ← **gefolgt**, *il a suivi*
    gekommen, *il est venu*

Daniel **hat** im Garten **gespielt**.
Daniel a joué dans le jardin.

Stefanie **ist** zu Besuch **gekommen**.
Stéphanie est venue nous rendre visite.

 Plus-que-parfait

Prétérit de **haben** / **sein**	+	Participle II

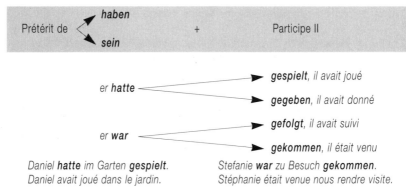

er **hatte** ← **gespielt**, *il avait joué*
    gegeben, *il avait donné*

er **war** ← **gefolgt**, *il avait suivi*
    gekommen, *il était venu*

Daniel **hatte** im Garten **gespielt**.
Daniel avait joué dans le jardin.

Stefanie **war** zu Besuch **gekommen**.
Stéphanie était venue nous rendre visite.

Pour l'emploi du parfait et du plus-que-parfait, voir p. 30.

Haben ou sein ?

1 On emploie **haben** :

- avec tous les verbes **transitifs** (qui ont un complément d'objet à l'accusatif) :
    Meyers **haben** einen Wagen **gekauft**.   **Hast** du diesen Roman **gelesen**?
    Les Meyer ont acheté une voiture.   As-tu lu ce roman ?

- avec les verbes **pronominaux** et **réfléchis** (français → « être ») :
    Wir **haben** uns **beeilt**.   Wo **hat** er sich **versteckt**?
    Nous nous sommes dépêchés.   Où s'est-il caché ?

- avec les verbes **intransitifs d'état ou de position** (sauf *sein* et *bleiben*) :
    Haben Sie gut **geschlafen**?   Der Wagen **hat** vor der Tür **gestanden**.
    Avez-vous bien dormi ?   La voiture était garée devant la porte.

- avec les verbes **intransitifs exprimant une durée** :
    Wir **haben** lange **geplaudert**.   Er **hat** die ganze Zeit **geschwiegen**.
    Nous avons bavardé longtemps.   Il s'est tu pendant tout ce temps-là.

Cette notion fait référence à l'aspect du verbe. Certains verbes peuvent être construits avec *haben* ou *sein* selon que le locuteur met l'accent sur l'aspect « duratif » ou au contraire sur le caractère « dynamique » de l'action.

*Er **hat** mehr als ein Semester lang gebummelt.*
Il a traîné (n'a rien fichu) pendant plus d'un semestre.

Mais :

*Wir **sind** durch die Stadt gebummelt.*
Nous avons flâné à travers la ville.

2 On emploie *sein* :

- avec les verbes *sein*, *werden*, *bleiben* :
  *Er **ist** krank **gewesen**.*
  Il a été malade.
  *Du **bist** groß **geworden**.*
  Tu as grandi.
  *Gestern **bin** ich zu Hause **geblieben**.*
  Hier je suis resté à la maison.

- avec les verbes **intransitifs** exprimant un **déplacement** ou un **changement de lieu** :
  *Kati **ist** nicht nach Hause **gekommen**.*   *Unsere Klasse **ist** nach Berlin **gefahren**.*
  Cathy n'est pas rentrée à la maison.   *Notre classe a fait un voyage à Berlin.*

- avec les verbes **intransitifs** exprimant un **changement d'état** :
  *Sie **ist** auf dem Land **aufgewachsen**.*   *Der See **ist** über Nacht **gefroren**.*
  Elle a grandi à la campagne.   *Le lac a gelé durant la nuit.*

Le futur I et le futur II

L'auxiliaire **werden** intervient dans la formation du **futur** et dans celle du **passif**. Le mode de formation est commun à tous les verbes.

1 Futur I (futur simple français)

Base verbale conjuguée	+	Forme impersonnelle
Présent de *werden*	+	Infinitif I

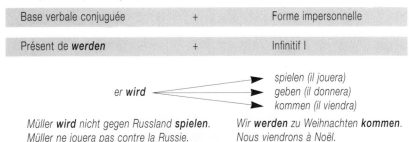

er **wird** → spielen *(il jouera)*
→ geben *(il donnera)*
→ kommen *(il viendra)*

*Müller **wird** nicht gegen Russland **spielen**.*   *Wir **werden** zu Weihnachten **kommen**.*
Müller ne jouera pas contre la Russie.   *Nous viendrons à Noël.*

Futur II (futur antérieur)

Présent de **werden**	+	Infinitif II

er **wird**

- ▶ gespielt haben (il aura joué)
- ▶ gegeben haben (il aura donné)
- ▶ gekommen **sein** (il sera venu)

*Seine Mutter **wird** ihm Geld **gegeben haben**.*
Sa mère lui aura donné de l'argent.
*Der Zug **wird** pünktlich **angekommen sein**.*
Le train sera arrivé à l'heure.

Le présent et le prétérit du passif

À la différence du futur, la forme impersonnelle du verbe est le participe II.

Présent

Présent de **werden**	+	Participe II

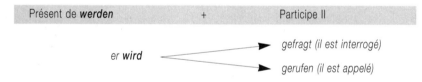

er **wird**

- ▶ gefragt (il est interrogé)
- ▶ gerufen (il est appelé)

*Tausend Personen **werden** nach ihrer Meinung **gefragt**.*
Mille personnes sont interrogées sur leur opinion.
*Ein neuer Präsident **wird** ins Weiße Haus **gerufen**.*
Un nouveau Président est appelé à la Maison Blanche.

Prétérit

Prétérit de **werden**	+	Participe II

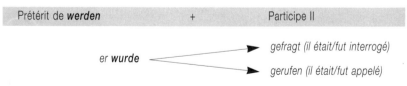

er **wurde**

- ▶ gefragt (il était/fut interrogé)
- ▶ gerufen (il était/fut appelé)

*Tausend Personen **wurden** nach ihrer Meinung **gefragt**.*
Mille personnes furent interrogées sur leur opinion.
*Ein neuer Präsident **wurde** ins Weiße Haus **gerufen**.*
Un nouveau Président fut appelé à la Maison Blanche.

Pour les autres temps du passif, on se reportera aux tableaux de conjugaison **4a** et **4b**.

4. L'IMPÉRATIF

1 L'impératif se forme sur le radical de l'infinitif comme le subj. I. Il est limité à 4 personnes.

* 2ᵉ pers. du singulier : radical + **(-e)**   2ᵉ pers. du pluriel : radical + **-t**

Spiel-(e)!	*Komm-(e)!*	*Spiel-t!*	*Komm-t!*
Joue !	*Viens !*	*Jouez !*	*Venez !*

  Le **-e** final devient obligatoire pour les verbes dont le radical se termine par **-d**, **-t** ou un groupe de consonnes : *Rede!*, *Antworte!*, *Öffne die Tür!*, par les suffixes **-el**, **-er** et **-ig** :

Sammle die Karten **auf**!	*Ärgere dich nicht!*	*Entschuldige!*
Ramasse les cartes !	*Ne t'énerve pas !*	*Excuse-moi !*

* À la 1ʳᵉ personne du pluriel et à la forme de politesse, le pronom personnel est obligatoire :

*Spiel-**en wir**!*	*Spiel-**en Sie**!*
Jouons !	*Jouez !*

* La périphrase avec *lassen* d'un style plus soutenu est cependant très employée à la 1ʳᵉ personne :

Lasst uns... spielen!	*Jouons !*

2 **Les verbes forts en e** (sauf *werden*) présentent au singulier la même voyelle accentuée qu'aux 2ᵉ et 3ᵉ pers. du singulier de l'indicatif présent : **e → ie/i.**

geben	→ *Gib!*	*Donne !*
lesen	→ *Lies!*	*Lis !*
nehmen	→ **Nimm**!	*Prends !*
werfen	→ *Wirf!*	*Lance !*

LA TYPOLOGIE DU VERBE
●●●

1. LE TYPE FAIBLE

Il regroupe la plupart des verbes allemands.

Caractéristiques

* radical inchangé
* prétérit : radical + -*te*
* participe II : radical + -*t*

1 Le type *machen, faire* (tableau de conjugaison **6**)
Pour les cas particuliers, on se reportera aux tableaux de conjugaison correspondants.

2 **Les verbes en -*eln*, et parfois ceux en -*ern***, perdent le *e* du radical à la 1re personne et à l'impératif sing. :

    *sammeln → ich samml-*e,   *lächeln → ich lächl-*e.
    (voir *sammeln / fordern* : tableaux **6a/b**)

3 **Présence du -e- de liaison** (tableau **7**)
    arbeiten, travailler

De même, pour :

warten	*zeichnen*	*baden*
attendre	*dessiner*	*se baigner*
rechnen	*reden*	*öffnen*
calculer	*parler*	*ouvrir, etc.*

4 **Verbes en -*ieren*** (tableau **8** : *studieren*)
Pour des raisons d'accentuation, ces verbes ne prennent pas le préfixe *ge-* au participe II (passé) :
    Er hat in Köln **studiert.**
    Il a étudié à Cologne.
Ils suivent sinon une conjugaison régulière.

2. LES VERBES FORTS

Les verbes forts constituent un système clos. On en dénombre environ 130 dont une trentaine sont d'un emploi indispensable.
Beaucoup d'entre eux relèvent cependant d'un emploi très courant.
Il est donc utile d'apprendre pour chaque verbe ses temps primitifs (*Stammformen*) : infinitif – prétérit – participe II (passé) :

*geben – **gab** – gegeben;*   *kommen – **kam** – gekommen;*
*gehen – **ging** – gegangen;*   *fahren – **fuhr** – gefahren.*

Caractéristiques

• **Au prétérit** : radical toujours modifié et absence de terminaison aux 1re et 3e personnes du singulier (voir p. 13).

• **Au participe II** : radical parfois modifié + *-en*.

• **Au présent de l'indicatif** : les verbes forts en *a, e, o, au* présentent aussi une voyelle différente aux 2e et 3e personnes du singulier :

a	→	*ä*	:	*ich trage* – *du tr**ä**gst, er tr**ä**gt,*
				ich halte – *du h**ä**ltst, er h**ä**lt,*
e	→	*ie*	:	*ich lese* – *du l**ie**st, er l**ie**st,*
	ou	*i*	:	*ich nehme* – *du n**imm**st, er n**imm**t,*
[ε]	→	*i*	:	*ich helfe* – *du h**i**lfst, er h**i**lft,*
o	→	*ö*	:	*ich stoße* – *du st**ö**ßt, er st**ö**ßt,*
au	→	*äu*	:	*ich laufe* – *du l**äu**fst, er l**äu**ft.*

3. PARTICULARITÉS PHONÉTIQUES

Elles sont communes aux verbes faibles et aux verbes forts.

1   **Présence du -e- de liaison** (tableau 7)
au présent pour les verbes forts dont le radical est inchangé :

bitten, demander :   *du bitt**e**st, er bitt**e**t.*
finden, trouver :   *du find**e**st, er find**e**t.*

mais :

halten, tenir, s'arrêter :   *du h**ä**ltst, er h**ä**lt, ihr haltet.*
raten, conseiller :   *du r**ä**tst, er r**ä**t, ihr ratet.*

au prétérit pour les verbes dont le radical se termine en *-d, -t, -ß* :

*ich **fand**, du fand**e**st,... ihr fandet,*   *ich **saß**, du saß**e**st,*
*ich **bat**, du bat**e**st,... ihr batet,*   *ich **hieß**, du hieß**e**st.*

2 Les verbes dont le radical se termine par **-s**, **-ss**, **-ß**, **-z**, **-tz** fusionnent généralement le **s** du radical avec celui de la marque **-st** :

ich esse, du isst, ich heiße, du heißt (tableau **6**, remarque 1).

4. LES VERBES FAIBLES IRRÉGULIERS

Caractéristiques

• **Au présent** : radical de l'infinitif.

• **Au prétérit** et au **participe II** : marques **-te**, **-t**, comme les verbes faibles, mais aussi une voyelle accentuée différente de celle de l'infinitif, comme les verbes forts :

kennen, connaître – *k**a**nn-**te** – ge**k**ann-**t***
rennen, courir – *r**a**nn-**te** – ge**r**ann-**t**.*

• Nous distinguons :
– le type **kennen** (tableau **9**),
– le type **senden** (tableau **10**), à rapprocher de **wenden**[1],
– les verbes :

bringen, apporter – **br**a**ch-te** – ge**brach-t** *(tableau **11**)*
denken, penser – **d**a**ch-te** – ge**dach-t**.*

5. LES VERBES DE MODALITÉ + *WISSEN*

Les six verbes de modalité sont :

können	*sollen*	*dürfen*
pouvoir, être capable de	*être obligé par autrui*	*avoir la permission de*
wollen	*müssen*	*mögen*
vouloir	*être contraint de*	*souhaiter, aimer bien*

Pour le sens et l'emploi de ces verbes, on se reportera aux tableaux **12** à **17**. *Wissen* (*savoir*) s'apparente aux verbes de modalité par sa conjugaison, mais son infinitif complément est toujours précédé de *zu*.

---

1. *senden* et *wenden* présentent parallèlement un prétérit et un participe II réguliers : *sendete, gesendet* et *wendete, gewendet*.

Comparer :

> *Mit 20 Jahren **konnte** er immer noch nicht **schwimmen**.*
> *À 20 ans, il ne savait toujours pas nager.*

et :

> *Er **weiß** sich **zu helfen**.*
> *Il sait se tirer d'affaire.*

Les temps simples

Caractéristiques

• au présent de l'indicatif, les 3 personnes du singulier présentent une voyelle différente de l'infinitif (sauf *sollen*) :

> *ich **kann**, du **kann**st, er **kann**, wir können,...*
> *ich **will**, du **will**st, er **will**, wir wollen,...*

et les marques de personne sont celles du prétérit :

> *ø, -st, ø, -en, -t, -en* (voir p. 13) ;

• le prétérit est formé sur le modèle des verbes faibles :

radical de l'infinitif (sans « *Umlaut* ») + *-te* :

können	→	*ich/er konn-**te**,*	*müssen* →	*ich/er muss-**te**,*
dürfen	→	*ich/er durf-**te**,*	*mögen* →	*ich/er moch-**te**.*

Les temps composés

Caractéristiques

Au parfait et au plus-que-parfait, les verbes de modalité ont respectivement deux formes :

• l'une apparentée au type faible (***gekonnt***, ***gedurft***, ***gemusst***), quand le verbe est employé sans infinitif :

> *Ich wollte kommen, aber ich habe nicht **gedurft**.*
> *Je voulais venir, mais je n'en ai pas eu l'autorisation.*

• l'autre identique à l'infinitif (***können***, ***dürfen***, ***müssen***), quand le verbe de modalité est au contact de son infinitif complément :

> *Ich habe nicht **kommen können**.*   *Ich habe zu Hause **bleiben müssen**.*
> *Je n'ai pas pu venir.*   *Il a fallu que je reste à la maison.*

• Cette règle dite du « double infinitif » s'applique également au verbe *lassen* (faire + inf.) et aux verbes de perception *sehen* (*voir*), *hören* (*entendre*) :

> *Ich habe meinen Wagen **reparieren lassen**.*   *Ich habe ihn nicht **kommen hören**.*
> *J'ai fait réparer ma voiture.*   *Je ne l'ai pas entendu venir.*

Elle s'étend parfois au verbe **brauchen**, *avoir besoin de* :
> *Du hättest nicht (zu)* **kommen brauchen.**
> *Tu n'aurais pas eu besoin de venir.*

6. AUXILIAIRES

Les auxiliaires *sein*, *haben* et *werden* interviennent dans la formation des temps composés (voir p. 15).

Caractéristiques

• Le verbe *sein* présente trois radicaux différents :
inf. *sein* – prét. **war** – part. II *gewesen*. Le présent de l'indicatif est irrégulier (tableau **1**).
Les formes du prétérit et du participe II s'apparentent aux verbes forts du type **30** (*geben*) avec l'alternance **s/r** : **war** – *gewesen* comme *las* – *gelesen*.

• Le verbe *haben* change de radical au présent (2e et 3e pers. du sing.) :
du **hast**, *er* **hat** (**a bref** [a] opposé à **a long** [ɑː] *habe*, *haben*, *habt*) et au prétérit : **hatte**.
Il s'apparente sinon au type faible (tableau **2**).

• Le verbe *werden* a comme le verbe *sein* trois radicaux différents :
werden – **wurde** – *geworden*. Au passif, la forme du participe II est **worden**.
Le présent de l'indicatif repose sur l'opposition vocalique [eː] – [i] :
ich werde, *du* **wirst**, *er* **wird**, *wir werden*, etc.
À la 2e personne du singulier, la marque **-st** entraîne la chute du **d** du radical, à la 3e personne la marque **-t** se confond avec la consonne **d** du radical (tableau **3**).

CLASSIFICATION DES VERBES FORTS
●●●

L'alternance vocalique permet de distinguer trois groupes comprenant respectivement une dizaine de verbes types.

1ER GROUPE : TYPE A-B-B

Deux radicaux différents, onze verbes

• Le vocalisme du présent est long (sauf *dreschen*, tableau **27**).

• La voyelle du participe II est identique à la voyelle du prétérit.

Présent	Prétérit	Participe II

voyelle ie = [i:] et i = [i]

bleiben	**blieb**	*geblieben*	**(19)**
greifen	**griff**	*gegriffen*	**(20)**

La voyelle *i* est brève quand elle est suivie de l'une des consonnes [f], [s], [ç] (*ich-Laut*), [t], notées respectivement : *-ff, -ss, -ch, -tt*.

greifen	**griff**	*gegriffen*
reißen	**riss**	*gerissen*
streichen	*strich*	*gestrichen*
reiten	**ritt**	*geritten*
leiden	*litt*	*gelitten*
schneiden	**schnitt**	*geschnitten*

voyelle o = [o:]

heben	*hob*	*gehoben*	**(21)**
biegen	*bog*	*gebogen*	**(22)**
ziehen	**zog**	*gezogen*	
schwören	*schwor*	*geschworen*	**(23)**
lügen	*log*	*gelogen*	**(24)**
saugen	*sog*	*gesogen*	**(25)**

Présent	Prétérit	Participe II

voyelle o = [ɔ]

schießen	schoss	geschossen (26)
dreschen	drosch	gedroschen (27)
saufen	soff	gesoffen[1]

voyelle a = [aː] ou [a] (devant -nd)

tun	tat	getan (28)
stehen	stand	gestanden (29)

2ᴱ GROUPE : TYPE A-B-A

Deux radicaux différents, douze verbes

- Le vocalisme du présent est long ou bref.
- La voyelle du participe II est identique à la voyelle de l'infinitif.
- La voyelle du prétérit est longue sauf devant -ng.

Présent	Prétérit	Participe II

voyelle a = [ɑː]

geben	gab	gegeben (30)
essen	aß	gegessen (31)
kommen	kam	gekommen (32)

voyelle u = [uː]

fahren	fuhr	gefahren (33)
waschen	wusch	gewaschen (34)

---

1. Voir le tableau 25, mais le vocalisme du prétérit et du participe II est bref ([ɔ]).

Présent	Prétérit	Participe II	

voyelle ie = [i:]

schlafen	schlief	geschlafen	(35)
laufen	lief	gelaufen	(36)
heißen	hieß	geheißen	(37)[1]
stoßen	stieß	gestoßen	(38)
rufen	rief	gerufen	(39)
fallen	fiel	gefallen	(40)

voyelle i = [i] devant -ng

fangen	fing	gefangen	(41)

3ᴱ GROUPE : TYPE A-B-C

Trois radicaux différents, dix verbes

• Le vocalisme du présent est long ou bref.

• Les voyelles de l'infinitif, du prétérit et du participe II sont différentes.

• Le prétérit est toujours en **a** (sauf pour *gehen*, tableau **51**).

Présent	Prétérit	Participe II	

voyelle a = [ɑ:]

liegen	lag	gelegen	(42)
bitten	bat	gebeten	(43)
sitzen	saß	gesessen	(44)
stehlen	stahl	gestohlen	(45)
nehmen	nahm	genommen	(46)
sprechen	sprach	gesprochen	(47)

---

1. Ne pas confondre avec le tableau **19** (*bleiben*, participe *geblieben*).

27

Présent	Prétérit	Participe II

voyelle a = [a]

helfen	*half*	*geholfen*	(48)
schwimmen	*schwamm*	*geschwommen*	(49)
singen	*sang*	*gesungen*	(50)

Le participe II prend la voyelle **u** devant les groupes **-nd**, **-ng**, **-nk** : *finden*, *binden*, *springen*, *trinken*, etc.

La voyelle **o** du participe II est longue ou brève selon que le radical du présent est lui-même long ou bref :

stehlen [eː]	→	*gestohlen* [oː]
sprechen [ɛ]	→	*gesprochen* [ɔ]
helfen [ɛ]	→	*geholfen* [ɔ]

Le **o** de *genommen* correspond à la 3ᵉ personne du singulier de l'indicatif présent :

nehmen	→	*er nimmt* [i]	→	*er hat genommen* [ɔ]

voyelle i = [i]

gehen	**ging**	*ge**gang**en*	(51)

4. LES « MUTANTS »

Caractéristiques

Certains verbes présentent les caractéristiques des verbes faibles (radical inchangé, marque **-te** au prétérit) mais conservent la terminaison **-en** au participe II.

*mahlen – mahl-**te** – gemahl-**en** (52)*

Nous les regroupons sous le terme de « mutants ». Certains verbes, forts à l'origine, se rapprochent aujourd'hui de ce type.

spalten	*backen*	(type **34**)
fendre	*cuire au four*	
hauen		(type **36**)
frapper		

EMPLOI DES TEMPS ET DES MODES
●●●

L'allemand dispose de quatre modes personnels :
* l'indicatif, expression de la réalité,
* le subjonctif I (*Konjunktiv I*), mode du discours indirect ou discours rapporté,
* le subjonctif II (*Konjunktiv II*), mode de l'hypothétique ou de l'irréel,
* l'impératif, expression de l'ordre.

1. L'INDICATIF

Contrairement au français, l'allemand utilise toujours l'indicatif :

* après les conjonctions :

obwohl	*damit*	*so dass*
bien que, quoique	*afin que*	*de telle sorte que.*

* dans les relatives ayant pour antécédent :

der Erste..., der Einzige, der...	*Der Einzige, dem es gelungen ist.*
le premier..., le seul qui...	*Le seul qui ait réussi.*

* dans des expressions telles que :

ich fürchte, dass...	*ich zweifle daran, dass...*	*Ich fürchte, dass sie krank ist.*
je crains que	*je doute que*	*Je crains qu'elle ne soit malade.*

l'indicatif présente des oppositions de temps et d'aspect.

Opposition passé – présent – futur

1 **Présent** (*er kommt*, *il vient*)
L'action exprimée par le verbe coïncide avec le moment où l'on parle.

2 **Futur I** = futur simple (*er wird kommen*, *il viendra*)
L'action est postérieure au moment où l'on parle. L'opposition présent – futur I s'estompe, notamment lorsque le sens de futur est marqué par un adverbe (= futur proche) :
> *Bald ist Weihnachten.*
> *C'est bientôt Noël.*

Cet emploi du présent est à rapprocher du français. Il est toutefois plus répandu en allemand.
> *Er kommt gleich wieder.*   *Vielleicht kommen wir morgen vorbei.*
> *Il va revenir.*   *Nous passerons peut-être demain.*

Prétérit = imparfait ou passé simple (*er **kam**, il venait/il vint*).

L'action est antérieure au moment où l'on parle. C'est pourquoi le prétérit est le temps privilégié du récit :

> *Als ich wieder zu mir **kam**, **war** Jens fort.*
> *Quand je repris connaissance, Jens était parti.*

Opposition accompli – non accompli

 Parfait et plus-que-parfait

- Le parfait = passé composé
  > *Er **ist gekommen**.*
  > *Il est venu.* (Au moment où l'on parle, l'action est accomplie.)
  > *Es **hat geregnet**.*
  > *Il a plu.* (Au moment où je parle, la pluie a cessé.)

- Le plus-que-parfait traduit cette même notion dans le registre du passé :
  > *Es **hatte geregnet**, und die Straße war nass.*
  > *Il avait plu, et la chaussée était mouillée.*

Futur I et futur II (voir p. 17)

Le futur II = futur antérieur (*er **wird gekommen sein**, il sera venu*) marque que l'action est accomplie à un moment du futur :

> *Bis du zurückkommst, **werden** wir die Sache **erledigt haben**.*
> *Avant ton retour, nous aurons réglé cette affaire.*

Tableau récapitulatif des temps de l'indicatif

Moment de l'acte de parole

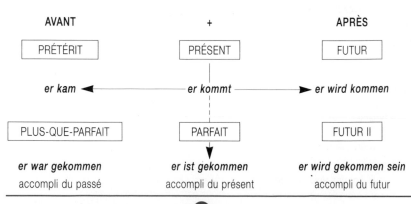

2. LE SUBJONCTIF I

L'emploi du subjonctif I est pratiquement limité au style indirect. Parfois il conserve encore un sens d'optatif (souhait) :
>   *Möge* sie doch kommen!
>   *Puisse-t-elle venir !*
mais son extension est limitée.

1 **Au style indirect**, il permet de rapporter les paroles d'autrui sans se prononcer sur l'authenticité des faits :
>   *Die Polizei teilte* **mit**,*es* **handle** *sich wahrscheinlich um ein Attentat.*
>   *La police a fait savoir qu'il s'agissait probablement d'un attentat.*

2 Le verbe conserve au subjonctif I le temps qu'il aurait normalement à l'indicatif si les propos étaient tenus au style direct :

Indicatif		Subjonctif I
présent	→	présent
futur	→	futur
prétérit ou parfait	→	passé

Style direct (indicatif)	Discours indirect (subjonctif I)
Sie behauptet: *Ich* **sehe** *schrecklich* *auf den Bildern* **aus**.	*Sie behauptet, sie* **sehe**[1] *schrecklich auf den Bildern* **aus**. *Elle prétend qu'elle paraît affreuse* *sur les photos.*
Dirk schrieb: *Ich* **werde** *euch nächstes* *Jahr* **besuchen**.	*Dirk schrieb, er* **werde** *uns nächstes* *Jahr* **besuchen**. *Dirk a écrit qu'il nous rendrait* *visite l'année prochaine.*
Ein Mitarbeiter erklärte: *G.B.* **hat** *weder per Post noch per* *Telefon Drohungen* **erhalten**.	*Ein Mitarbeiter erklärte,* *G.B.* **habe** *weder per Post noch per* *Telefon Drohungen* **erhalten**. *L'un de ses collaborateurs a déclaré* *que G.B. n'avait reçu de menaces* *ni par écrit ni par téléphone.*

---

1. Présent du **subjonctif I**. Contrairement à l'usage français, le temps de la subordonnée n'est pas influencé par celui de la principale.
Sie behauptete, sie **sehe** *schrecklich* **aus**...
Elle prétendait (ou prétendit) qu'elle paraissait affreuse...

3 Toutefois, les **formes non vivantes du subjonctif I** (= non distinctes de l'indicatif) **sont remplacées par les formes correspondantes du subjonctif II** (voir aussi p. 14).

Subjonctif I	Subjonctif II

Présent *ich gebe*   → *ich **gäbe***
Passé *ich habe gegeben*   → *ich **hätte gegeben***
Futur *ich werde geben*   → *ich **würde geben***
(formes identiques à celles de l'indicatif)

Er teilte uns mit:
*Wir **werden** zu Weihnachten*
kommen.

*Er teilte uns mit, sie **würden**[1]*
*zu Weihnachten **kommen**.*
Il nous a fait savoir qu'ils viendraient à Noël.

3. LE SUBJONCTIF II

Le subjonctif II a un sens d'hypothétique ou d'irréel. Il s'oppose en cela à l'indicatif.

1 **Au présent et au futur**, le subjonctif II exprime une hypothèse qui peut encore se réaliser :
*Es **könnte sein**, dass...*
Il se pourrait que...
ou un souhait :
*Ich **würde** mich darüber **freuen**.*   *Je m'en réjouirais.*
Il correspond au conditionnel présent.

2 **Au passé**, il traduit un événement qui ne s'est pas produit dans le passé (irréel) :
*Ohne diesen Unfall **hätte** er sicher **gewonnen**.*
Sans cet accident, il aurait certainement gagné.
ou exprime un regret :
*Wenn ich das nur **gewusst hätte**...*   *Si seulement j'avais su cela...*
Il correspond alors au conditionnel passé.

• Dans les subordonnées conditionnelles, le subjonctif II conserve sa double valeur d'hypothétique (présent / futur) :
*Ich **würde** mich **freuen**, wenn du **kämest**.*
Je me réjouirais, si tu venais.
et d'irréel (passé) :
*Wenn er pünktlich **gewesen wäre**, **hätte** er den Zug nicht **verpasst**.*
S'il avait été à l'heure, il n'aurait pas raté son train.

---

1. Au lieu de *sie werden*, identique à l'indicatif.

- Il s'emploie aussi dans la subordonnée comparative introduite par *als ob, comme si* :

  *Er tat, als ob er uns nicht **gesehen hätte**.*
  Il fit comme s'il ne nous avait pas vus.

3 Dans la langue actuelle, le subjonctif II tend à se généraliser au détriment du subjonctif I qui, lui, est **réservé à l'écrit**.

Le futur du subjonctif II (= hypothétique avec ***würde***) tend de la même manière à se substituer au présent du subjonctif II, notamment lorsque les formes du présent se confondent avec celles du prétérit de l'indicatif :

Présent du subjonctif II		Futur du subjonctif II
ich spielte	→	*ich **würde spielen***
wir spielten	→	*wir **würden spielen***

(formes identiques à celles du prétérit de l'indicatif).

4. L'IMPÉRATIF

1 L'impératif s'emploie comme en français pour exprimer :
- un ordre :

  Steh auf!
  Debout !
- un conseil :

  Trimm dich!   *Macht doch mit!*
  Fais du sport !   *Joignez-vous donc à nous !*
- une prière :

  Ruf doch mal an!   *Seien Sie mir (bitte) nicht böse!*
  Passe donc un coup de fil !   *Ne m'en veuillez pas !*
- ou une interdiction :

  Rauch(e) nicht!   *Macht keinen Unsinn!*
  Ne fume pas !   *Ne faites pas de sottises !*

2 Il existe en allemand divers substituts de l'impératif, notamment :
- le participe II :

  Parken verboten!
  Interdit de stationner !
- l'infinitif :

  Bitte nicht rauchen!
  Prière de ne pas fumer !

- la forme passive :
    Jetzt wird gearbeitet!
    Maintenant au travail !
- des verbes de modalité :
    Du sollst nicht töten!
    Tu ne tueras pas !
- des formules elliptiques telles que :

Ruhe!	*Los!*	*Raus!*
Silence !	*Partez !*	*Dehors !*
Jetzt aber Schluss!	*Herein!*	*Hände weg!*
Terminé !	*Entrez !*	*Bas les pattes !*

3 Au style indirect, l'impératif est rendu par un verbe de modalité :
L'ordre s'exprime par le verbe **sollen** :
    *Ich habe ihm gesagt, er **solle** sofort zum Direktor gehen.*
    Je lui ai dit de se rendre immédiatement chez le directeur.
La prière par le verbe **mögen** :
    *Sag deinem Vater, er **möge** bitte kommen!*
    Dis à ton père de bien vouloir venir !

E M P L O I D U P A S S I F
●●●

Le passif est plus répandu en allemand qu'en français. Il présente en allemand deux formes distinctes :

- **un passif-action**, formé à l'aide de l'auxiliaire **werden** + participe II (passé). Il exprime toujours une **action en cours** :
    *Ein großes Stadion **wird gebaut**.*
    On est en train de construire un grand stade.

- **un passif-état**, dont la base est l'auxiliaire **sein**. Il marque le **résultat de l'action** :
    *Das große Stadion **ist gebaut**.*
    Le grand stade est construit.

Le français, qui dispose du seul verbe « être » pour exprimer l'état et l'action, tend à gommer toute différence.
Comparer : « L'attentat n'est pas revendiqué » (constat, bilan) et « L'attentat a été revendiqué par les terroristes » (action).

1. LE PASSIF-ACTION

Le passif-action supporte les mêmes oppositions temporelles et modales que la voix active (tableaux **4a/b**). On tend toutefois à limiter l'emploi de certaines formes surcomposées telles que le futur II de l'indicatif :

> *In 10 Jahren **werden** viele Appartmenthäuser **gebaut worden sein**.*
> *Dans 10 ans, on aura construit beaucoup de résidences.*

Il existe des formes personnelles (= celles dont le sujet est exprimé) et un passif impersonnel, limité à la 3ᵉ personne du singulier.

Formes personnelles

1 On peut construire un passif personnel à l'aide de tout verbe ayant un complément d'objet à l'accusatif. La tournure passive est alors l'équivalent d'une structure active présentant l'ordre de base : S (sujet) – V (verbe) – C.O.D. (complément d'objet direct).

Die Stadt   **baut**   *ein neues Einkaufszentrum.*

S   V   C.O.D.

Ein neues Einkaufszentrum   **wird**   *von der Stadt **gebaut**.*

Un nouveau centre commercial est construit par la ville.

Le complément d'agent introduit par *von, par*, est facultatif : sur le plan syntaxique, en effet, la phrase

> *Ein neues Einkaufszentrum **wird gebaut**.*

se suffit à elle-même. L'emploi du passif permet donc, syntaxiquement, de ne pas dévoiler l'auteur de l'action.

2 La proposition au passif admet, outre le complément d'agent, un complément de moyen introduit par la préposition *durch, par l'intermédiaire de* :

> *Dresden wurde **durch Brandbomben** zerstört.*
> *Dresde a été détruit par des bombes incendiaires.*

ou un complément d'instrument introduit par *mit, avec* :

> *Der Minister wurde **mit einer Pistole** erschossen.*
> *Le ministre a été abattu d'un coup de revolver.*

Passif impersonnel

1 Le passif impersonnel se caractérise par l'absence de sujet et de complément d'agent :

> *Es **wird** am Sonntag **gespielt**.*
> *On joue dimanche.*

En général, le pronom personnel **es** n'a qu'une fonction de **remplissage** : il permet d'occuper la première place de la proposition et disparaît dès qu'un complément ou adverbe vient se placer en tête :

> *Am Sonntag **wird gespielt**.*   *Hier **wird** nicht **geraucht**.*
> *Le dimanche, on joue.*   *Ici, on ne fume pas.*

Es peut également annoncer le sujet. Dans ce cas, il s'agit d'une tournure personnelle.

> *Es wurden Millionen Fische verseucht.*
> *Des millions de poissons ont été contaminés.*

2 On peut construire un passif impersonnel :

- avec les verbes transitifs :

> *Es **wird gesungen**, on chante.*

- avec les verbes ayant un complément au datif :

> helfen   danken   gratulieren
> aider   remercier   féliciter

Ce complément subsiste dans la phrase passive :

> ***Diesen Kranken** muss geholfen werden.*
> *Il faut venir en aide à ces malades.*

- avec certains verbes intransitifs exprimant une activité :

> *Samstags **wird** nicht **gearbeitet**.*
> *On ne travaille pas le samedi.*

3 Le passif impersonnel exprime souvent un ordre :

> *Jetzt **wird** aber **geschlafen**!*
> *Maintenant, on dort !*   (voir p. 34)

ou une interdiction :

> *Hier **wird** nicht **geraucht**!*
> *Ici, on ne fume pas !*

2. LE PASSIF-ÉTAT

Le passif-état a, comme en français, un sens résultatif. Son emploi est double.

1 Équivalent d'une structure avec **werden**, il représente une forme de passif accompli avec ellipse du participe II **worden** :

> *Das Zimmer **war** schon **vermietet**.*   *Das Zimmer **war** schon **vermietet worden**.*
> *La chambre était déjà louée.*   *On avait déjà loué la chambre.*

2 Expression d'un phénomène statique, il correspond alors à une structure active présentant l'ordre **S – V – C** :

Das Haus **war** von einem Garten **umgeben**.   Ein Garten **umgab** das Haus.
La maison était entourée d'un jardin.   Un jardin entourait la maison.

PARTICULES VERBALES, PRÉFIXES ET PARTICULES MIXTES
●●●

Il existe en allemand de nombreux verbes composés. Ils se forment soit à l'aide de particules verbales appelées aussi « particules séparables », soit à l'aide de préfixes inséparables. Les particules mixtes s'apparentent tantôt aux particules, tantôt aux préfixes.

1. PARTICULES VERBALES

1 Les particules verbales **sont toujours accentuées** :

°**auf**machen	°**ab**fahren	°**zu**machen	°**an**kommen
ouvrir	démarrer, partir (véhicule)	fermer	arriver

2 Elles sont reliées au verbe à l'infinitif et au participe II :
°**auf**gemacht, °**ab**gefahren (voir p. 12, particules verbales accentuées).

3 Elles constituent toutefois des éléments **autonomes**, certaines particules pouvant même s'employer seules, par exemple dans des tournures elliptiques comme :

Herein!	Weiter!	Los!	Zurück!
Entrez !	Continuons !	Allons-y !	En arrière !

4 Les particules verbales recouvrent un ensemble d'unités lexicales d'origines très diverses où figurent :

- des prépositions comme *ab, an, auf, aus, bei, mit, nach, vor, zu* ;

- des adverbes comme *ein* (proche de *in*), *hier, da, fort, weg,* °*weiter,* °*wieder, zu*°*rück, zu*°*sammen* ;

- des locutions prépositionnelles « figées » telles que :

  em°por, ent°gegen, ent°lang, (am Fluss entlanggehen, marcher le long de la rivière), zu°stande, zu°nichte, zu°recht, (zurecht kommen, se débrouiller) ;

- des pronoms adverbiaux comme da°bei, da°ran, da°rüber, da°von, da°zu ;
- des particules composées de :
  - – hin : hin°ein, hin°auf, hin°unter,
  - – her : her°ein, her°aus, her°um,
  - – vor : be°vor, her°vor, vor°an, vor°aus, vor°her, vor°bei, vor°über ;
- des adjectifs comme fertig, fest, frei, gleich, hoch, leer, voll ;
- des substantifs : Acht, Haus, Heim, Leid, Preis, Rad, Statt (**statt**finden), Weh (**weh**tun) ;
- des infinitifs comme °kennen lernen, spa°zieren gehen, °stehen bleiben ;
- des participes passés comme ver°loren gehen, ge°fangen nehmen.

Sens des verbes à particule

1 En règle générale, c'est la particule verbale qui détermine le sens du verbe. Elle marque souvent un écart important par rapport au verbe simple :

stehen, être debout – **auf**stehen, se lever :

Ich stehe um 7 **auf**.

Je me lève à 7 heures.

reisen, voyager – **ab**reisen, partir en voyage :

Schmitts sind heute Morgen **ab**gereist.

Les Schmitt sont partis en voyage ce matin.

2 Les particules verbales issues d'adverbes (ou de locutions adverbiales), d'adjectifs, de substantifs ou de verbes présentent un sens apparenté à celui de l'élément dont elles sont issues :

fortgehen, **weg**gehen : partir, s'en aller :

Ich muss **weg** (gehen).

Il faut que je parte.

fertig sein : avoir terminé :

Bist du mit deiner Arbeit **fertig**?

As-tu terminé ton travail ?

Acht geben : faire attention, prendre garde :

Gib **Acht**! Das ist eine Einbahnstraße.

Fais attention ! C'est un sens interdit.

kennen lernen : faire la connaissance de :
> *Wir haben uns während der Ferien **kennen** gelernt.*
> *Nous avons fait connaissance pendant les vacances.*

Il en est de même des locutions dites « circumposées » dont le second élément fonctionne comme une particule séparable : *an* (+ D) ***vorbei**, an* (+ D) ***entlang*** :
> *Dann gehen Sie am Rathaus **vorbei**.*
> *Ensuite vous passez (passerez) devant l'hôtel de ville.*
> *Wir sind am Fluss **entlang**gegangen.*
> *Nous avons longé la rivière.*

2 En revanche, les particules les plus courantes telles que ***ab**, **an**, **auf**, **aus**, **ein**, **vor***, etc., sont également celles qui présentent le plus de difficultés par rapport au sens. Il faut alors recourir à des **critères sémantiques** (étude de la liaison particule-verbe) **et syntaxiques** (relation entre la particule et les autres termes qui constituent le groupe verbal). Une telle analyse dépasse très largement le cadre de cet ouvrage.

Nous avons dû nous borner à citer dans les tableaux de conjugaison quelques-uns des emplois les plus courants des verbes à particule. Il ne saurait être question, en effet, de procéder à un inventaire exhaustif.

Place de la particule verbale

La place de la particule verbale est parfois source d'erreurs. Il convient donc d'y accorder une attention particulière.

1 La particule se trouve à la fin de la proposition. Elle est **soudée au verbe** (ne forme qu'un seul mot avec le verbe) quand celui-ci est en dernière position :

a/ dans la proposition dépendante ou subordonnée :
> *Er sagt, dass er immer früh **aufsteht**.*
> *Il dit qu'il se lève toujours tôt.*

b/ à l'infinitif :
> *Morgen muss ich früh **aufstehen**.*
> *Demain, je dois me lever tôt.*

Lorsque l'infinitif complément est introduit par ***zu*** (à, de), ***zu*** s'intercale entre la particule et le verbe :
> *Vergiss nicht, früh **aufzustehen**!*
> *N'oublie pas de te lever tôt !*

c/ au participe II, le préfixe ***ge-*** s'intercale entre la particule et le verbe :
> *Um wieviel Uhr bist du **aufgestanden**?*
> *À quelle heure t'es-tu levé ?*

2 À l'infinitif comme au participe II, les verbes à particule s'écrivent en un seul mot :

*Vergiss bitte nicht, den Brief **einzuwerfen**!*
N'oublie pas, s'il te plaît, de poster la lettre !

einwerfen

*Ich habe den Brief **eingeworfen**.*
J'ai posté la lettre.

3 La particule reste en **dernière position** quand le verbe conjugué est en position de marquage, c'est-à-dire :

a/ en 2e position dans l'énonciative :

*Ich **rufe** dich morgen **an**.*
Je te téléphonerai demain.

b/ en 1re position dans l'interrogation globale :

***Rufst** du mich **an**?*
Est-ce que tu me téléphoneras ?

ou dans l'injonction :

***Ruf** doch mal **an**!*
Passe donc un coup de fil !

2. PRÉFIXES INSÉPARABLES

1 On compte en tout 10 préfixes inséparables :

be-, ge-, ent-/emp-, er-, hinter-, ver-, zer-, miss-, wider-.
Ces préfixes s'opposent aux particules verbales.

- Ils sont inaccentués : c'est le radical verbal qui porte l'accent :

be°suchen	*ge°hören (+ D)*
visiter, rendre visite à	*appartenir à*
er°fahren	*ver°stehen*
apprendre (une nouvelle)	*comprendre*

- Ils font toujours corps (ne forment qu'**un seul mot**) avec le verbe :

***Besuchen** Sie uns!*	*Was **verstehst** du nicht?*
Venez nous rendre visite !	*Qu'est-ce que tu ne comprends pas ?*

- Ils ne prennent pas la marque **ge-** au participe II (voir p. 12, participe II passé)

*Claudia hat uns gestern **besucht**.*	*Was hast du nicht **verstanden**?*
Claudia nous a rendu visite hier.	*Qu'est-ce que tu n'as pas compris ?*

- Ils sont éventuellement précédés de *zu* quand la construction l'exige :

*Sie hatte vor, uns **zu besuchen.***   *Er scheint nichts **zu verstehen.***
Elle avait l'intention de nous rendre visite.   *Il semble ne rien comprendre.*

2 Du **point de vue syntaxique**, les préfixes verbaux présentent deux caractéristiques communes.

- Ils permettent de former des verbes :
  - à partir de substantifs :

das Licht, la lumière	→	*belichten, exposer* (photo) ;
die Seuche, l'épidémie	→	*verseuchen, contaminer* ;

  - à partir d'adjectifs :

reich, riche	→	*bereichern, enrichir* ;
groß, grand		*vergrößern, agrandir* ;

  - à partir d'une préposition (plus rarement) :

gegen, contre	→	*begegnen, rencontrer* ;
		entgegnen, répliquer, rétorquer.

  (Dans tous les cas précédents, le verbe simple n'existe pas).

- Ils peuvent également modifier l'emploi (transitif – intransitif) et la valence des verbes simples :
  - en rendant transitif un verbe intransitif :

    wohnen (*in* + D) :   *Wir **wohnen in einem Neubau.***
                            Nous habitons dans un nouvel immeuble.
    bewohnen (+ A) :   *Wir **bewohnen ein neues Haus** am Stadtrand.*
                            Nous habitons une nouvelle maison à la périphérie de la ville.

  - en rendant intransitif un verbe initialement transitif (plus rarement) :

trinken (+ A), *boire*	→	*ertrinken, intr. (ist), se noyer* ;

  - en exigeant un complément qui ne figure pas dans le « programme valenciel » du verbe simple :

  jmm. widersprechen, contredire qn., exige un complément au datif, tandis que *sprechen, parler*, n'admet aucun complément de ce type :

  *Du sollst **mir** nicht immer **widersprechen!***   *Ne me contredis pas tout le temps !*

3 Du **point de vue sémantique**, les préfixes ont la propriété essentielle de modifier le sens du verbe simple :

suchen, chercher   ⟨   *besuchen, visiter, rendre visite à.*
                           versuchen, essayer, tenter (de).

Ce changement affecte généralement **l'aspect interne** du verbe, à savoir la manière dont le processus est envisagé. Ainsi, le préfixe **er-** peut aussi bien marquer l'entrée dans un état :

scheinen, briller ou *paraître*	→	*erscheinen, apparaître* ;

que le résultat d'une action (sens résultatif) :

finden, trouver	→	*erfinden, inventer.*

Certains verbes dérivés ont un sens totalement différent de celui du verbe simple.
Comparer :

kommen, venir	→	*bekommen, recevoir ;*
fahren, aller en véhicule	→	*erfahren, apprendre une nouvelle ;*
fallen, tomber	→	*gefallen, plaire ;*
stehen, être debout	→	*bestehen, réussir (à un examen) ;*
		verstehen, comprendre.

Il est donc prudent de vérifier leur sens et leur emploi.

3. PARTICULES MIXTES

- On appelle ainsi les éléments qui fonctionnent tantôt comme particule verbale (séparable et accentuée), tantôt comme préfixe (inséparable et non accentué). Ils sont au nombre de cinq : *durch-, um-, über-, unter-* et *voll-*.

- À l'exception de *voll* (adjectif : « plein »), ils sont apparentés à des **prépositions** : *durch* (+ A), *par, à travers, um* (+ A), *autour de, über* (+ A/D), *au-dessus de, unter* (+ A/D), *sous* ou *parmi*.

- Le sens spatial de ces prépositions ne recouvre toutefois qu'en partie le sens des particules ou des préfixes.

Durch

- **Séparable**

    *Die Sonne scheint °**durch** (= durch die Wolken).*
    Le soleil arrive à percer (les nuages).
    *Der Zug fährt bis Köln °**durch**.*
    Le train est direct jusqu'à Cologne.

    durch
    séparable

    C.O.D. obligatoire uniquement dans le sens résultatif
    (« jusqu'au bout », « à fond »).

    ---

    *Ich habe das Buch °**durch**gelesen.*
    J'ai lu le livre d'un bout à l'autre.

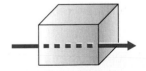

sens spatial :
à travers

- **Inséparable :**
  Wir haben die Gegend durch°wandert.
  Nous avons parcouru à pied la contrée.
  Die Polizei hat die Wohnung durch°sucht.
  La police a perquisitionné (fouillé) l'appartement.

Les composés inséparables sont tous transitifs et exigent un complément à l'accusatif.

Um

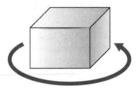

um
séparable et inséparable

- **Séparable :**
  Er bindet sich einen Schal °um (= um den Hals).
  Il met une écharpe (autour du cou).

  Autres sens :
  – « changer de direction » :
  Wir kehrten °um.
  Nous fîmes demi-tour.
  – « changer (de train/de domicile/d'activité) » :

°**um**steigen	°**um**ziehen	sich °**um**stellen
changer de train	déménager	se reconvertir

  – « renverser » :
  Der Kellner hat das Glas °umgeworfen.
  Le serveur a renversé le verre.

sens spatial :
autour de

Les composés séparables peuvent être transitifs, intransitifs ou réfléchis.

- **Inséparable :**
  – 1er sens : « contourner » :
  Das Schiff um°fährt die Insel.
  Le navire contourne l'île.
  ≠ °**um**fahren, renverser (avec son véhicule).
  – 2e sens : « entourer, cerner » :
  Das Kind um°armte seine Mutter.   *Die Polizei hatte das Haus um°stellt.*
  L'enfant embrassa sa mère.   *La police avait cerné la maison.*

Les verbes formés du préfixe inséparable sont tous transitifs et exigent la présence du C.O.D.

 Avec *durch-* et *um-*, les composés à particule verbale sont plus nombreux que ceux à préfixe.

Über

- **Séparable :**
  *Er zog den Mantel °**über** (= über die Schultern).*
  Il enfila son manteau.
  *Der Fluss ist °**über**getreten.*
  La rivière est sortie de son lit.
  *Sie liefen zum Feind °**über**.*
  Ils passèrent à l'ennemi.

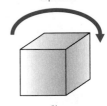

über
séparable

Les composés séparables sont transitifs ou intransitifs.

über
inséparable

- **Inséparable :**
  Wir über°fliegen jetzt das Mittelmeer.
  Nous survolons à présent la Méditerranée.

  Autres sens :
  – « attaquer » :
  In der Mainzer Straße wurde eine Bank über°fallen.
  Une banque a été attaquée dans la rue de Mayence.
  – « remettre ou transmettre qch. à qn. » :
  Können Sie bitte Herrn Meyer den Brief über°geben?
  Pouvez-vous, je vous prie, transmettre la lettre à Monsieur Meyer ?

sur
au-dessus de
ou *par-dessus*

Les composés inséparables sont toujours transitifs : C.O.D. obligatoire. Complément au datif
dans le sens de « remettre », « transmettre ».

Unter

- **Séparable :**
  *Man hat uns im « Haus International » °**unter**gebracht.*
  On nous a logés au « Foyer International ».

  Verbe intransitif uniquement dans le sens de « disparaître »,
  « se cacher » :
  *Die Sonne ging °**unter**.*
  Le soleil s'est couché.

unter
séparable

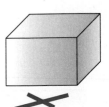

- **Inséparable :**
  Ich kann diesen Vertrag nicht unter°schreiben/unter°zeichnen.
  Je ne peux pas signer ce contrat.
  Das Gesetz wurde dem Parlament unter°breitet.
  La loi a été soumise au Parlement.

sous
ou *vers le bas*

Autres sens :

– « soumission » :

    Jahrelang haben sie das Volk unter°drückt.

    Durant des années, ils ont opprimé le peuple.

– « parmi » (= fr. « inter- », « entre- ») :

    Wir haben eine Reise nach Berlin unter°nommen.

    Nous avons entrepris un voyage à Berlin.

unter°brechen	*sich unter°halten (mit)*	*unter°scheiden*	*jmn./etw. unter°suchen*
interrompre	s'entretenir (avec)	distinguer	examiner qn./qch. (« chercher parmi »).

Les composés inséparables exigent un complément à l'accusatif. Complément au datif dans le sens de « remettre à », « soumettre à », « mettre sous l'autorité de qn. ».

Avec *über-* et *unter-*, les composés à préfixe sont plus nombreux que ceux à particule verbale.

Voll

voll
adj. : « plein »

- **Séparable :** Sens propre : « remplir ».

    *Ich habe °**voll**getankt.*

    J'ai fait le plein.

    *Er hat das Glas °**voll**gefüllt.*

    Il a rempli le verre.

- **Inséparable :** dans cinq verbes.

    Sens figuré : « action menée jusqu'au bout » :

voll°bringen	*voll°enden*	*voll°führen/voll°ziehen*	*voll°strecken*
réaliser	achever	exécuter, accomplir (un projet)	exécuter (une sentence).

Remarque : *Wieder-*, parfois associé aux particules mixtes, n'est inséparable que dans *wieder°holen*, répéter.

    Wieder°holen Sie bitte!   **Mais :**   *Ich hole mir das Buch °**wieder**.*

    Répétez, s'il vous plaît !   *Je vais reprendre ce livre.*

Important : Le même verbe peut avoir **deux emplois** différents, l'un avec la particule verbale, l'autre avec le préfixe. Ainsi, ils figurent dans l'index sous deux entrées différentes : le premier verbe est **séparable**, le second est **inséparable**.

    *°**über**gehen :*   *Wir gehen zu einem anderen Thema °**über**.*

    (in + A, zu + D, ist)   *Nous passons à un autre sujet.*

Mais :

    über°gehen :   *Man über°ging ihn bei der Beförderung.*

    (+ A)   *On l'a oublié (laissé pour compte) lors de l'avancement.*

Tableaux
des
verbes
types

MODE D'EMPLOI DES TABLEAUX DE CONJUGAISON

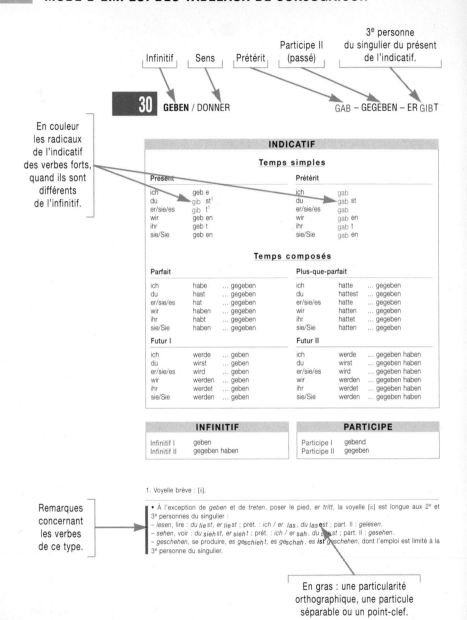

3ᵉ personne
du singulier du présent
de l'indicatif.

Participe II
(passé)

Infinitif | Sens | Prétérit

30 GEBEN / DONNER   GAB – GEGEBEN – ER GIBT

En couleur
les radicaux
de l'indicatif
des verbes forts,
quand ils sont
différents
de l'infinitif.

INDICATIF

Temps simples

Présent		Prétérit	
ich	geb e	ich	gab
du	gib st[1]	du	gab st
er/sie/es	gib t[1]	er/sie/es	gab
wir	geb en	wir	gab en
ihr	geb t	ihr	gab t
sie/Sie	geb en	sie/Sie	gab en

Temps composés

Parfait			Plus-que-parfait		
ich	habe	... gegeben	ich	hatte	... gegeben
du	hast	... gegeben	du	hattest	... gegeben
er/sie/es	hat	... gegeben	er/sie/es	hatte	... gegeben
wir	haben	... gegeben	wir	hatten	... gegeben
ihr	habt	... gegeben	ihr	hattet	... gegeben
sie/Sie	haben	... gegeben	sie/Sie	hatten	... gegeben

Futur I			Futur II		
ich	werde	... geben	ich	werde	... gegeben haben
du	wirst	... geben	du	wirst	... gegeben haben
er/sie/es	wird	... geben	er/sie/es	wird	... gegeben haben
wir	werden	... geben	wir	werden	... gegeben haben
ihr	werdet	... geben	ihr	werdet	... gegeben haben
sie/Sie	werden	... geben	sie/Sie	werden	... gegeben haben

INFINITIF

Infinitif I	geben
Infinitif II	gegeben haben

PARTICIPE

Participe I	gebend
Participe II	gegeben

1. Voyelle brève : [i].

Remarques
concernant
les verbes
de ce type.

• À l'exception de *geben* et de *treten*, poser le pied, *er tritt*, la voyelle [iː] est longue aux 2ᵉ et
3ᵉ personnes du singulier :
– *lesen*, lire : *du lie st, er lie st* ; prét. : *ich / er las, du las est* ; part. II : *gelesen*.
– *sehen*, voir : *du sieh st, er sieh t* ; prét. : *ich / er sah, du s st* ; part. II : *gesehen*.
– *geschehen*, se produire, *es geschieh t, es geschah, es ist geschehen*, dont l'emploi est limité à la
3ᵉ personne du singulier.

En gras : une particularité
orthographique, une particule
séparable ou un point-clef.

48

3e personne
du singulier du présent
du subjonctif II.

Groupe de verbes
auquel appartient
ce verbe type.

VERBES FORTS

SUBJ. II : ER GÄBE   2e groupe : Type A B A   e [eː] – a [ɑː] – e [eː] – i[iː]
e [eː] – a [ɑː] – e [eː] – ie [iː]

En gras : les formes
vivantes du subj. I
qui sont distinctes
de l'indicatif présent
(v. gram. p. 14).

SUBJONCTIF I		SUBJONCTIF II	
Temps simples			
Présent		Présent (radical du prétérit)	
ich	geb e	ich	gäb e
du	**geb e st**	du	gäb e st
er/sie/es	**geb e**	er/sie/es	gäb e
wir	geb e n	wir	gäb e n
ihr	**geb e t**	ihr	gäb e t
sie/Sie	geb e n	sie/Sie	gäb e n
Temps composés			
Passé		Passé	
ich	habe ... gegeben	ich	hätte ... gegeben
du	**habest ... gegeben**	du	hättest ... gegeben
er/sie/es	**habe ... gegeben**	er/sie/es	hätte ... gegeben
wir	haben ... gegeben	wir	hätten ... gegeben
ihr	**habet ... gegeben**	ihr	hättet ... gegeben
sie/Sie	haben ... gegeben	sie/Sie	hätten ... gegeben
Futur I		Futur I	
ich	werde ... geben	ich	würde ... geben
du	**werdest ... geben**	du	würdest ... geben
er/sie/es	**werde ... geben**	er/sie/es	würde ... geben
wir	werden ... geben	wir	würden ... geben
ihr	werdet ... geben	ihr	würdet ... geben
sie/Sie	werden ... geben	sie/Sie	würden ... geben
Futur II		Futur II	
ich	werde ... gegeben haben, etc.	ich	würde ... gegeben haben, etc.

La forme du futur I
tend à se substituer
au présent du subj. II
(v. gram. p. 15).

IMPÉRATIF	
Singulier	gib...![1]
Pluriel 1re personne	geben wir...!
2e personne	gebt...!
Forme de politesse	geben Sie...!

[1]. À rapprocher de la 2e personne de l'indicatif présent. Pas de terminaison au singulier.

Remarques
sur la conjugaison.

LISTE DES VERBES TYPES

Auxiliaires

sein	1
haben	2
werden	3

Passif des verbes faibles

gefragt werden	4a

Passif des verbes forts

gerufen werden	4b

Verbes réfléchis

sich freuen	5

Verbes faibles

machen	6
verbes en -eln : sammeln	6a
verbes en -ern : fordern	6b
arbeiten	7
studieren	8

Verbes faibles irréguliers

kennen	9
senden	10
bringen	11

Prétérito-présents verbes de modalité

können	12
dürfen	13
müssen	14
sollen	15
wollen	16
mögen	17
wissen	18

Verbes forts

• 1er groupe : type A-B-B

bleiben	19
greifen	20
heben	21
biegen	22
schwören	23
lügen	24
saugen	25
schießen	26
dreschen	27
tun	28
stehen	29

• 2e groupe : type A-B-A

geben	30
essen	31
kommen	32
fahren	33
waschen	34
schlafen	35
laufen	36
heißen	37
stoßen	38
rufen	39
fallen	40
fangen	41

• 3e groupe : type A-B-C

liegen	42
bitten	43
sitzen	44
stehlen	45
nehmen	46
sprechen	47
helfen	48
schwimmen	49
singen	50
gehen	51

Faibles/forts ou « mutants »

mahlen	52

INDICATIF

Temps simples

Présent			Prétérit	
ich	bin		ich	war
du	bist		du	war st
er/sie/es	ist		er/sie/es	war
wir	sind		wir	war en
ihr	seid		ihr	war t
sie/Sie	sind		sie/Sie	war en

Temps composés

Parfait			Plus-que-parfait		
ich	bin	... gewesen	ich	war	... gewesen
du	bist	... gewesen	du	warst	... gewesen
er/sie/es	ist	... gewesen	er/sie/es	war	... gewesen
wir	sind	... gewesen	wir	waren	... gewesen
ihr	seid	... gewesen	ihr	wart	... gewesen
sie/Sie	sind	... gewesen	sie/Sie	waren	... gewesen

Futur I			Futur II		
ich	werde	... sein	ich	werde	... gewesen sein
du	wirst	... sein	du	wirst	... gewesen sein
er/sie/es	wird	... sein	er/sie/es	wird	... gewesen sein
wir	werden	... sein	wir	werden	... gewesen sein
ihr	werdet	... sein	ihr	werdet	... gewesen sein
sie/Sie	werden	... sein	sie/Sie	werden	... gewesen sein

INFINITIF

Infinitif I	sein
Infinitif II	gewesen sein

PARTICIPE

Participe I	seiend (inusité)
Participe II	gewesen

Le verbe *sein* est associé comme base verbale :
• au participe II d'un verbe transitif dans l'expression du passif-état (p. 36) ;
• au participe II des verbes *sein*, *bleiben*, *werden* et des verbes intransitifs de mouvement ou de changement d'état dans la formation des temps composés du passé (p. 16) ;
• à une particule verbale : **auf-**, **zu-**, **aus-**, **hin-**, **hinüber-**, **um-**, **herum-**, **vorbei**sein.
*Die Geschäfte **sind** bis halb 7 **auf**.* Les magasins sont ouverts jusqu'à 6 heures 30.

SUBJONCTIF I	SUBJONCTIF II

Temps simples

Présent		Présent (radical du prétérit)	
ich	sei	ich	wär e
du	sei st	du	wär e st
er/sie/es	sei	er/sie/es	wär e
wir	sei en	wir	wär e n
ihr	sei et	ihr	wär e t
sie/Sie	sei en	sie/Sie	wär e n

Temps composés

Passé			Passé		
ich	sei	… gewesen	ich	wäre	… gewesen
du	seist	… gewesen	du	wärest	… gewesen
er/sie/es	sei	… gewesen	er/sie/es	wäre	… gewesen
wir	seien	… gewesen	wir	wären	… gewesen
ihr	seiet	… gewesen	ihr	wäret	… gewesen
sie/Sie	seien	… gewesen	sie/Sie	wären	… gewesen

Futur I			Futur I		
ich	werde	… sein	ich	würde	… sein
du	werdest	… sein	du	würdest	… sein
er/sie/es	werde	… sein	er/sie/es	würde	… sein
wir	werden	… sein	wir	würden	… sein
ihr	werdet	… sein	ihr	würdet	… sein
sie/Sie	werden	… sein	sie/Sie	würden	… sein

Futur II			Futur II		
ich	werde	… gewesen sein, etc.	ich	würde	… gewesen sein, etc.

IMPÉRATIF

Singulier	sei…!
Pluriel 1re personne	seien wir…!
2e personne	seid…!
Forme de politesse	seien Sie…!

- à un infinitif complément précédé de *zu* :
a. sens d'obligation (*müssen* + infinitif passif).
*Die Türen **sind ab**zuschließen. (Sie müssen **ab**geschlossen werden.)*. Il faut fermer les portes.
b. sens de possibilité (*können* + infinitif passif).
*Karten **sind** bis 6 Uhr **ab**zuholen. (Sie können **ab**geholt werden.)*. On peut venir retirer les billets jusqu'à 6 heures.

INDICATIF

Temps simples

Présent			Prétérit		
ich	hab e		ich	hat te	
du	hast		du	hat te st	
er/sie/es	hat[1]		er/sie/es	hat te	
wir	hab en		wir	hat te n	
ihr	hab t		ihr	hat te t	
sie/Sie	hab en		sie/Sie	hat te n	

Temps composés

Parfait			Plus-que-parfait		
ich	habe	... gehabt	ich	hatte	... gehabt
du	hast	... gehabt	du	hattest	... gehabt
er/sie/es	hat	... gehabt	er/sie/es	hatte	... gehabt
wir	haben	... gehabt	wir	hatten	... gehabt
ihr	habt	... gehabt	ihr	hattet	... gehabt
sie/Sie	haben	... gehabt	sie/Sie	hatten	... gehabt

Futur I			Futur II		
ich	werde	... haben	ich	werde	... gehabt haben
du	wirst	... haben	du	wirst	... gehabt haben
er/sie/es	wird	... haben	er/sie/es	wird	... gehabt haben
wir	werden	... haben	wir	werden	... gehabt haben
ihr	werdet	... haben	ihr	werdet	... gehabt haben
sie/Sie	werden	... haben	sie/Sie	werden	... gehabt haben

INFINITIF		PARTICIPE	
Infinitif I	haben	Participe I	habend
Infinitif II	gehabt haben	Participe II	gehabt

1. *a* bref par opposition à *habe, haben, habt* (a long [a:]).

Le verbe *haben* recouvre la plupart des sens du français « avoir ». Il est notamment associé :
• à un C.O.D. à l'accusatif : relation de possession, de qualité ou partie d'un tout.
*Wir **haben** einen neuen Wagen.* Nous avons une voiture neuve.
• à un substantif ou un adjectif dans les locutions figées telles que :
Hunger, Durst haben, avoir faim, soif ; *Angst haben*, avoir peur ; *Lust haben*, avoir envie de ; *Zeit haben*, avoir le temps ; *frei haben*, avoir congé.
• à une structure attributive.
*Ich **habe** diese Musik **gern**.* J'aime bien cette musique.
De même : *es satt haben*, en avoir assez ; *es eilig haben*, être pressé.

SUBJONCTIF I	SUBJONCTIF II

Temps simples

Présent			Présent (radical du prétérit)	
ich	hab e		ich	hät te
du	**hab e st**		du	hät te st
er/sie/es	**hab e**		er/sie/es	hät te
wir	hab e n		wir	hät te n
ihr	**hab e t**		ihr	hät te t
sie/Sie	hab e n		sie/Sie	hät te n

Temps composés

Passé			Passé		
ich	habe	... gehabt	ich	hätte	... gehabt
du	**habest**	... **gehabt**	du	hättest	... gehabt
er/sie/es	**habe**	... **gehabt**	er/sie/es	hätte	... gehabt
wir	haben	... gehabt	wir	hätten	... gehabt
ihr	**habet**	... **gehabt**	ihr	hättet	... gehabt
sie/Sie	haben	... gehabt	sie/Sie	hätten	... gehabt

Futur I			Futur I		
ich	werde	... haben	ich	würde	... haben
du	**werdest**	... **haben**	du	würdest	... haben
er/sie/es	**werde**	... **haben**	er/sie/es	würde	... haben
wir	werden	... haben	wir	würden	... haben
ihr	werdet	... haben	ihr	würdet	... haben
sie/Sie	werden	... haben	sie/Sie	würden	... haben

Futur II			Futur II		
ich	werde	... gehabt haben, etc.	ich	würde	... gehabt haben, etc.

IMPÉRATIF

Singulier	habe...!
Pluriel 1re personne	haben wir...!
2e personne	habt...!
Forme de politesse	haben Sie...!

- à une particule verbale.
anhaben, porter (un vêtement) ; *aufhaben*, avoir sur la tête ou avoir à faire (un devoir) ; *liebhaben*, aimer, etc.
- à un infinitif complément (sens d'obligation) :
*Er **hat** zu gehorchen.* Il faut qu'il obéisse. = *müssen / sollen.*
- au participe II des verbes transitifs et pronominaux, intransitifs d'état ou duratifs, etc., dans la formation des temps composés du passé (p. 16).

INDICATIF

Temps simples

Présent		Prétérit	
ich	werd e	ich	wurd e
du	wirst	du	wurd e st
er/sie/es	wird	du	wurd e
wir	werd en	wir	wurd e n
ihr	werd et	ihr	wurd e t
sie/Sie	werd en	sie/Sie	wurd e n

Temps composés

Parfait			Plus-que-parfait		
ich	bin	... geworden	ich	war	... geworden
du	bist	... geworden	du	warst	... geworden
er/sie/es	ist	... geworden	er/sie/es	war	... geworden
wir	sind	... geworden	wir	waren	... geworden
ihr	seid	... geworden	ihr	wart	... geworden
sie/Sie	sind	... geworden	sie/Sie	waren	... geworden

Futur I			Futur II		
ich	werde	... werden	ich	werde	... geworden sein
du	wirst	... werden	du	wirst	... geworden sein
er/sie/es	wird	... werden	er/sie/es	wird	... geworden sein
wir	werden	... werden	wir	werden	... geworden sein
ihr	werdet	... werden	ihr	werdet	... geworden sein
sie/Sie	werden	... werden	sie/Sie	werden	... geworden sein

INFINITIF

| Infinitif I | werden |
| Infinitif II | geworden sein |

PARTICIPE

Participe I	werdend
Participe II	geworden
Passif	worden

- *Werden* s'emploie avec un substantif précédé de *zu* (idée de transformation).
Über Nacht **wurde** *das Wasser zu Eis.* L'eau a gelé pendant la nuit.
- *Werden* + infinitif exprime le futur.
Er **wird** *bald* **kommen**. Il viendra bientôt. (p. 17). Parfois avec une nuance de supposition :
Er **wird** *krank* **sein**. Il est sûrement malade.
- *Werden* + participe II traduit le passif-action (p. 35).
Du **wirst gerufen**. On t'appelle.
À la forme impersonnelle, il est parfois l'expression d'un ordre :
Jetzt **wird** *aber* **geschlafen**! Maintenant, on dort !

SUBJONCTIF I	SUBJONCTIF II

Temps simples

Présent | **Présent (radical du prétérit)**

ich	werd e	ich	würd e
du	werd e st	du	würd e st
er/sie/es	werd e	er/sie/es	würd e
wir	werd e n	wir	würd e n
ihr	werd e t	ihr	würd e t
sie/Sie	werd e n	sie/Sie	würd e n

Temps composés

Passé			**Passé**		
ich	sei	... geworden	ich	wäre	... geworden
du	seist	... geworden	du	wärest	... geworden
er/sie/es	sei	... geworden	er/sie/es	wäre	... geworden
wir	seien	... geworden	wir	wären	... geworden
ihr	seiet	... geworden	ihr	wäret	... geworden
sie/Sie	seien	... geworden	sie/Sie	wären	... geworden

Futur I			**Futur I**		
ich	werde	... werden	ich	würde	... werden
du	werdest	... werden	du	würdest	... werden
er/sie/es	werde	... werden	er/sie/es	würde	... werden
wir	werden	... werden	wir	würden	... werden
ihr	werdet	... werden	ihr	würdet	... werden
sie/Sie	werden	... werden	sie/Sie	würden	... werden

Futur II			**Futur II**		
ich	werde	... geworden sein, etc.	ich	würde	... geworden sein, etc.

IMPÉRATIF

Singulier	werde...!
Pluriel 1re personne	werden wir...!
2e personne	werdet...!
Forme de politesse	werden Sie...!

INDICATIF

Temps simples

Présent			Prétérit		
ich	werde	... gefragt	ich	wurde	... gefragt
du	wirst	... gefragt	du	wurdest	... gefragt
er/sie/es	wird	... gefragt	er/sie/es	wurde	... gefragt
wir	werden	... gefragt	wir	wurden	... gefragt
ihr	werdet	... gefragt	ihr	wurdet	... gefragt
sie/Sie	werden	... gefragt	sie/Sie	wurden	... gefragt

Temps composés

Parfait			Plus-que-parfait		
ich	bin	... gefragt worden	ich	war	... gefragt worden
du	bist	... gefragt worden	du	warst	... gefragt worden
er/sie/es	ist	... gefragt worden	er/sie/es	war	... gefragt worden
wir	sind	... gefragt worden	wir	waren	... gefragt worden
ihr	seid	... gefragt worden	ihr	wart	... gefragt worden
sie/Sie	sind	... gefragt worden	sie/Sie	waren	... gefragt worden

Futur I			Futur II		
ich	werde	... gefragt werden			
du	wirst	... gefragt werden			
er/sie/es	wird	... gefragt werden			
wir	werden	... gefragt werden			
ihr	werdet	... gefragt werden			
sie/Sie	werden	... gefragt werden			

INFINITIF		PARTICIPE	
Infinitif I	gefragt werden	Participe I	gefragt werdend
Infinitif II	gefragt worden sein	Participe II	gefragt worden

Emplois du passif avec *werden* :
Voir p. 35.

SUBJONCTIF I	SUBJONCTIF II

Temps simples

Présent			Présent (radical du prétérit)		
ich	werde	... gefragt	ich	würde	... gefragt
du	werdest	... gefragt	du	würdest	... gefragt
er/sie/es	werde	... gefragt	er/sie/es	würde	... gefragt
wir	werden	... gefragt	wir	würden	... gefragt
ihr	werdet	... gefragt	ihr	würdet	... gefragt
sie/Sie	werden	... gefragt	sie/Sie	würden	... gefragt

Temps composés

Passé			Passé		
ich	sei	... gefragt worden	ich	wäre	... gefragt worden
du	seist	... gefragt worden	du	wärest	... gefragt worden
er/sie/es	sei	... gefragt worden	er/sie/es	wäre	... gefragt worden
wir	seien	... gefragt worden	wir	wären	... gefragt worden
ihr	seiet	... gefragt worden	ihr	wäret	... gefragt worden
sie/Sie	seien	... gefragt worden	sie/Sie	wären	... gefragt worden

Futur I			Futur I		
ich	werde	... gefragt werden	ich	würde	... gefragt werden
du	werdest	... gefragt werden	du	würdest	... gefragt werden
er/sie/es	werde	... gefragt werden	er/sie/es	würde	... gefragt werden
wir	werden	... gefragt werden	wir	würden	... gefragt werden
ihr	werdet	... gefragt werden	Ihr	würdet	... gefragt werden
sie/Sie	werden	... gefragt werden	sie/Sie	würden	... gefragt werden

Futur II[1] | | | **Futur II**[1]

IMPÉRATIF inusité

■ 1. Les formes du futur II sont inusitées.

INDICATIF

Temps simples

Présent			Prétérit		
ich	werde	... gerufen	ich	wurd e	... gerufen
du	wirst	... gerufen	du	wurd e st	... gerufen
er/sie/es	wird	... gerufen	er/sie/es	wurd e	... gerufen
wir	werden	... gerufen	wir	wurd e n	... gerufen
ihr	werdet	... gerufen	ihr	wurd e t	... gerufen
sie/Sie	werden	... gerufen	sie/Sie	wurd e n	... gerufen

Temps composés

Parfait			Plus-que-parfait		
ich	bin	... gerufen worden	ich	war	... gerufen worden
du	bist	... gerufen worden	du	warst	... gerufen worden
er/sie/es	ist	... gerufen worden	er/sie/es	war	... gerufen worden
wir	sind	... gerufen worden	wir	waren	... gerufen worden
ihr	seid	... gerufen worden	ihr	wart	... gerufen worden
sie/Sie	sind	... gerufen worden	sie/Sie	waren	... gerufen worden

Futur I			Futur II		
ich	werde	... gerufen werden			
du	wirst	... gerufen werden			
er/sie/es	wird	... gerufen werden			
wir	werden	... gerufen werden			
ihr	werdet	... gerufen werden			
sie/Sie	werden	... gerufen werden			

INFINITIF

Infinitif I	gerufen werden
Infinitif II	gerufen worden sein

PARTICIPE

Participe I	(inusité)
Participe II	gerufen worden

Emplois du passif avec *werden* :
Voir p. 35.

SUBJONCTIF I	SUBJONCTIF II

Temps simples

Présent			Présent (radical du prétérit)		
ich	werde	... gerufen	ich	würde	... gerufen
du	werdest	... gerufen	du	würdest	... gerufen
er/sie/es	werde	... gerufen	er/sie/es	würde	... gerufen
wir	werden	... gerufen	wir	würden	... gerufen
ihr	werdet	... gerufen	ihr	würdet	... gerufen
sie/Sie	werden	... gerufen	sie/Sie	würden	... gerufen

Temps composés

Passé			Passé		
ich	sei	... gerufen worden	ich	wäre	... gerufen worden
du	seist	... gerufen worden	du	wärest	... gerufen worden
er/sie/es	sei	... gerufen worden	er/sie/es	wäre	... gerufen worden
wir	seien	... gerufen worden	wir	wären	... gerufen worden
ihr	seiet	... gerufen worden	ihr	wäret	... gerufen worden
sie/Sie	seien	... gerufen worden	sie/Sie	wären	... gerufen worden

Futur I			Futur I		
ich	werde	... gerufen werden	ich	würde	... gerufen werden
du	werdest	... gerufen werden	du	würdest	... gerufen werden
er/sie/es	werde	... gerufen werden	er/sie/es	würde	... gerufen werden
wir	werden	... gerufen werden	wir	würden	... gerufen werden
ihr	werdet	... gerufen werden	ihr	würdet	... gerufen werden
sie/Sie	werden	... gerufen werden	sie/Sie	würden	... gerufen werden

Futur II[1]	Futur II[1]

IMPÉRATIF inusité

■ 1. Les formes du futur II sont inusitées.

INDICATIF

Temps simples

Présent			Prétérit		
ich	freu e	mich	ich	freu te	mich
du	freu st	dich	du	freu te st	dich
er/sie/es	freu t	sich	er/sie/es	freu te	sich
wir	freu en	uns	wir	freu te n	uns
ihr	freu t	euch	ihr	freu te t	euch
sie/Sie	freu en	sich	sie/Sie	freu te n	sich

Temps composés

Parfait				Plus-que-parfait			
ich	habe	mich	… gefreut	ich	hatte	mich	… gefreut
du	hast	dich	… gefreut	du	hattest	dich	… gefreut
er/sie/es	hat	sich	… gefreut	er/sie/es	hatte	sich	… gefreut
wir	haben	uns	… gefreut	wir	hatten	uns	… gefreut
ihr	habt	euch	… gefreut	ihr	hattet	euch	… gefreut
sie/Sie	haben	sich	… gefreut	sie/Sie	hatten	sich	… gefreut

Futur I				Futur II			
ich	werde	mich	… freuen	ich	werde	mich	… gefreut haben
du	wirst	dich	… freuen	du	wirst	dich	… gefreut haben
er/sie/es	wird	sich	… freuen	er/sie/es	wird	sich	… gefreut haben
wir	werden	uns	… freuen	wir	werden	uns	… gefreut haben
ihr	werdet	euch	… freuen	ihr	werdet	euch	… gefreut haben
sie/Sie	werden	sich	… freuen	sie/Sie	werden	sich	… gefreut haben

INFINITIF		PARTICIPE	
Infinitif I	sich freuen	Participe I	sich freuend
Infinitif II	sich gefreut haben	Participe II	gefreut

1. *Sich freuen* suit la conjugaison faible (cf. *machen* → **6**).
Pour les verbes forts employés comme réfléchis, nous renvoyons au verbe type correspondant :
sich waschen, se laver → **34** ;
sich befinden, se trouver → **50**.

SUBJONCTIF I	SUBJONCTIF II

Temps simples

Présent			**Présent (prétérit de l'indicatif)**		
ich	freu e	mich	ich	freu te	mich
du	**freu e st**	dich	du	freu te st	dich
er/sie/es	**freu e**	sich	er/sie/es	freu te	sich
wir	freu e n	uns	wir	freu te n	uns
ihr	**freu e t**	euch	ihr	freu te t	euch
sie/Sie	freu e n	sich	sie/Sie	freu te n	sich

Temps composés

Passé				**Passe**			
ich	habe	mich	... gefreut	ich	hätte	mich	... gefreut
du	**habest**	dich	... gefreut	du	hättest	dich	... gefreut
er/sie/es	**habe**	sich	... gefreut	er/sie/es	hätte	sich	... gefreut
wir	haben	uns	... gefreut	wir	hätten	uns	... gefreut
ihr	**habet**	euch	... gefreut	ihr	hättet	euch	... gefreut
sie/Sie	haben	sich	... gefreut	sie/Sie	hätten	sich	... gefreut

Futur I				**Futur I**			
ich	werde	mich	... freuen	ich	würde	mich	... freuen
du	**werdest**	dich	... freuen	du	würdest	dich	... freuen
er/sie/es	**werde**	sich	... freuen	er/sie/es	würde	sich	... freuen
wir	werden	uns	... freuen	wir	würden	uns	... freuen
ihr	werdet	euch	... freuen	ihr	würdet	euch	... freuen
sie/Sie	werden	sich	... freuen	sie/Sie	würden	sich	... freuen

Futur II		**Futur II**	
ich	werde mich ... gefreut haben, etc.	ich	würde mich ... gefreut haben, etc.

IMPÉRATIF

Singulier	freue dich...!
Pluriel 1re personne	freuen wir uns...!
2e personne	treut euch...!
Forme de politesse	freuen Sie sich...!

INDICATIF

Temps simples

Présent			Prétérit		
ich	mach e		ich	mach te	
du	mach st		du	mach te st	
er/sie/es	mach t		er/sie/es	mach te	
wir	mach en		wir	mach te n	
ihr	mach t		ihr	mach te t	
sie/Sie	mach en		sie/Sie	mach te n	

Temps composés

Parfait			Plus-que-parfait		
ich	habe	... gemacht	ich	hatte	... gemacht
du	hast	... gemacht	du	hattest	... gemacht
er/sie/es	hat	... gemacht	er/sie/es	hatte	... gemacht
wir	haben	... gemacht	wir	hatten	... gemacht
ihr	habt	... gemacht	ihr	hattet	... gemacht
sie/Sie	haben	... gemacht	sie/Sie	hatten	... gemacht

Futur I			Futur II		
ich	werde	... machen	ich	werde	... gemacht haben
du	wirst	... machen	du	wirst	... gemacht haben
er/sie/es	wird	... machen	er/sie/es	wird	... gemacht haben
wir	werden	... machen	wir	werden	... gemacht haben
ihr	werdet	... machen	ihr	werdet	... gemacht haben
sie/Sie	werden	... machen	sie/Sie	werden	... gemacht haben

INFINITIF		PARTICIPE	
Infinitif I	machen	Participe I	machend
Infinitif II	gemacht haben	Participe II	gemacht

Cas particuliers
• À la 2e personne du singulier du présent, les verbes faibles dont le radical se termine par s, ss, ß, z, tz, chs, x **ne prennent pas de e intercalaire** : il y a alors contraction entre la consonne du radical et la désinence -st.
reisen, voyager : du reist (plutôt que reisest) ; hassen, haïr : du hasst ; grüßen, saluer : du grüßt ; heizen, chauffer : du heizt ; putzen, nettoyer : du putzt, etc.
On remarquera que la 2e et la 3e pers. du singulier et la 2e pers. du pluriel sont alors identiques.
putzen : du putzt, er putzt, ihr putzt ; rasen, foncer : du rast, er rast, ihr rast.
• Radical terminé par -e : celui-ci tombe devant les désinences -e et -en.

SUBJONCTIF I	SUBJONCTIF II

Temps simples

Présent		Présent (prétérit de l'indicatif)	
ich	mach e	ich	mach te
du	**mach e st**	du	mach te st
er/sie/es	**mach e**	er/sie/es	mach te
wir	mach e n	wir	mach te n
ihr	**mach e t**	ihr	mach te t
sie/Sie	mach e n	sie/Sie	mach te n

Temps composés

Passé			Passé		
ich	habe	... gemacht	ich	hätte	... gemacht
du	**habest**	... **gemacht**	du	hättest	... gemacht
er/sie/es	**habe**	... **gemacht**	er/sie/es	hätte	... gemacht
wir	haben	... gemacht	wir	hätten	... gemacht
ihr	**habot**	... **gemacht**	ihr	hättet	... gemacht
sie/Sie	haben	... gemacht	sie/Sie	hätten	... gemacht

Futur I			Futur I		
ich	werde	... machen	ich	würde	... machen
du	**werdest**	... **machen**	du	würdest	... machen
er/sie/es	**werde**	... **machen**	er/sie/es	würde	... machen
wir	werden	... machen	wir	würden	... machen
ihr	werdet	... machen	ihr	würdet	... machen
sie/Sie	werden	... machen	sie/Sie	würden	... machen

Futur II			Futur II		
ich	werde	... gemacht haben, etc	ich	würde	... gemacht haben, etc.

IMPÉRATIF

Singulier	mache...!
Pluriel 1re personne	machen wir...!
2e personne	macht...!
Forme de politesse	machen Sie...!

a SAMMELN / COLLECTIONNER : VERBES EN -ELN
b FORDERN / RÉCLAMER, EXIGER : VERBES EN -ERN

INDICATIF

Temps simples

Présent		Prétérit	
ich	samml e	ich	sammel te
du	sammel st	du	sammel te st
er/sie/es	sammel t	er/sie/es	sammel te
wir	sammel n	wir	sammel te n
ihr	sammel t	ihr	sammel te t
sie/Sie	sammel n	sie/Sie	sammel te n

INFINITIF		PARTICIPE	
Infinitif I	sammeln	Participe I	sammelnd
Infinitif II	gesammelt haben	Participe II	gesammelt

**Les temps composés ne présentant pas
d'irrégularité, on se reportera au type 6.**

INDICATIF

Temps simples

Présent		Prétérit	
ich	forder e / fordr e	ich	forder te
du	forder st	du	forder te st
er/sie/es	forder t	er/sie/es	forder te
wir	forder n	wir	forder te n
ihr	forder t	ihr	forder te t
sie/Sie	forder n	sie/Sie	forder te n

INFINITIF		PARTICIPE	
Infinitif I	fordern	Participe I	fordernd
Infinitif II	gefordert haben	Participe II	gefordert

- **Verbes en -eln :** À la 1re personne du singulier, ind. prés., le e du radical tombe : *ich* samml*e*. De même au subj. I : *ich / er* samml*e* et à l'impératif sing. : *Sammle!*
Aux 1re et 3e personnes du plur., le e du radical se maintient ; le e de la terminaison -en tombe : *wir / sie* sammel*n*.
- **Verbes en -ern :** Même phénomène, mais moins systématique : le e du radical tend à se maintenir, surtout dans la langue soignée, et les deux formes coexistent : *ich fordere* ou fordr*e*.

SUBJONCTIF I — SUBJONCTIF II

Temps simples

Présent			Présent (prétérit de l'indicatif)	
ich	samml e		ich	sammel te
du	samml e st		du	sammel te st
er/sie/es	samml e		er/sie/es	sammel te
wir	samml e n		wir	sammel te n
ihr	samml e t		ihr	sammel te t
sie/Sie	samml e n		sie/Sie	sammel te n

IMPÉRATIF

Singulier	sammle...!
Pluriel 1re personne	sammeln wir...!
2e personne	sammelt...!
Forme de politesse	sammeln Sie...!

> Les temps composés ne présentant pas d'irrégularité, on se reportera au type 6.

SUBJONCTIF I — SUBJONCTIF II

Temps simples

Présent[1]			Présent (prétérit de l'indicatif)	
ich	forder e / fordr e		ich	forder te
du	forder e st / fordr e st		du	forder te st
er/sie/es	forder e / fordr e		er/sie/es	forder te
wir	forder n		wir	forder te n
ihr	forder t		ihr	forder te t
sie/Sie	forder n		sie/Sie	forder te n

IMPÉRATIF

Singulier	fordere / fordre...!
Pluriel 1re personne	fordern wir...!
2e personne	fordert...!
Forme de politesse	fordern Sie...!

■ 1. Formes remplacées par celles du subjonctif II.

INDICATIF

Temps simples

Présent		Prétérit	
ich	arbeit e	ich	arbeit ete
du	arbeit est	du	arbeit ete st
er/sie/es	arbeit et	er/sie/es	arbeit ete
wir	arbeit en	wir	arbeit ete n
ihr	arbeit et	ihr	arbeit ete t
sie/Sie	arbeit en	sie/Sie	arbeit ete n

Temps composés

Parfait			Plus-que-parfait		
ich	habe	... gearbeitet	ich	hatte	... gearbeitet
du	hast	... gearbeitet	du	hattest	... gearbeitet
er/sie/es	hat	... gearbeitet	er/sie/es	hatte	... gearbeitet
wir	haben	... gearbeitet	wir	hatten	... gearbeitet
ihr	habt	... gearbeitet	ihr	hattet	... gearbeitet
sie/Sie	haben	... gearbeitet	sie/Sie	hatten	... gearbeitet

Futur I			Futur II		
ich	werde	... arbeiten	ich	werde	... gearbeitet haben
du	wirst	... arbeiten	du	wirst	... gearbeitet haben
er/sie/es	wird	... arbeiten	er/sie/es	wird	... gearbeitet haben
wir	werden	... arbeiten	wir	werden	... gearbeitet haben
ihr	werdet	... arbeiten	ihr	werdet	... gearbeitet haben
sie/Sie	werden	... arbeiten	sie/Sie	werden	... gearbeitet haben

INFINITIF

Infinitif I	arbeiten
Infinitif II	gearbeitet haben

PARTICIPE

Participe I	arbeitend
Participe II	gearbeitet

Le verbe *arbeiten* présente un *e* intercalaire entre le -*t* du radical et les terminaisons -*st*, -*t* du présent, -*te* du prétérit et -*t* du participe II dont la prononciation est ainsi rendue possible.
Le phénomène s'étend à tous les verbes faibles dont le radical se termine :
a. soit par une dentale : -*d*, -*t*, -*tt*, -*st* :
bilden, former : *du bildest, er bildet, bildete, hat gebildet.*

SUBJONCTIF I	SUBJONCTIF II

Temps simples

Présent		Présent (prétérit de l'indicatif)	
ich	arbeit e	ich	arbeit ete
du	arbeit e st	du	arbeit ete st
er/sie/es	**arbeit e**	er/sie/es	arbeit ete
wir	arbeit e n	wir	arbeit ete n
ihr	arbeit e t	ihr	arbeit ete t
sie/Sie	arbeit e n	sie/Sie	arbeit ete n

Temps composés

Passé			Passé		
ich	habe	... gearbeitet	ich	hätt e	... gearbeitet
du	**habest**	**... gearbeitet**	du	hatt est	... gearbeitet
er/sie/es	**habe**	**... gearbeitet**	er/sie/es	hätt e	... gearbeitet
wir	haben	... gearbeitet	wir	hätt en	... gearbeitet
ihr	**habet**	**... gearbeitet**	ihr	hätt et	... gearbeitet
sie/Sie	haben	... gearbeitet	sie/Sie	hätt en	... gearbeitet

Futur I			Futur I		
ich	werde	... arbeiten	ich	würd e	... arbeiten
du	**werdest**	**... arbeiten**	du	würd est	... arbeiten
er/sie/es	**werde**	**... arbeiten**	er/sie/es	würd e	... arbeiten
wir	werden	... arbeiten	wir	würd en	... arbeiten
ihr	werdet	... arbeiten	ihr	würd et	... arbeiten
sie/Sie	werden	... arbeiten	sie/Sie	würd en	... arbeiten

Futur II			Futur II		
ich	werde	... gearbeitet haben, etc.	ich	würde	... gearbeitet haben, etc.

IMPÉRATIF

Singulier	arbeite...!
Pluriel 1re personne	arbeiten wir...!
2e personne	arbeitet...!
Forme de politesse	arbeiten Sie...!

b. soit par un groupe de consonnes difficile à prononcer, en général -*m* ou -*n* précédé de l'une des consonnes : *b, d, g, p, t, k, ck, ch, f* ou *ff*.
atmen, respirer : *du atmest, er atmet, atmete, hat geatmet* ;
öffnen, ouvrir : *er öffnet, öffnete, hat geöffnet*.

INDICATIF

Temps simples

Présent			Prétérit	
ich	studier e		ich	studier te
du	studier st		du	studier te st
er/sie/es	studier t		er/sie/es	studier te
wir	studier en		wir	studier te n
ihr	studier t		ihr	studier te t
sie/Sie	studier en		sie/Sie	studier te n

Temps composés

Parfait			Plus-que-parfait		
ich	habe	... studiert	ich	hatte	... studiert
du	hast	... studiert	du	hattest	... studiert
er/sie/es	hat	... studiert	er/sie/es	hatte	... studiert
wir	haben	... studiert	wir	hatten	... studiert
ihr	habt	... studiert	ihr	hattet	... studiert
sie/Sie	haben	... studiert	sie/Sie	hatten	... studiert

Futur I			Futur II		
ich	werde	... studieren	ich	werde	... studiert haben
du	wirst	... studieren	du	wirst	... studiert haben
er/sie/es	wird	... studieren	er/sie/es	wird	... studiert haben
wir	werden	... studieren	wir	werden	... studiert haben
ihr	werdet	... studieren	ihr	werdet	... studiert haben
sie/Sie	werden	... studieren	sie/Sie	werden	... studiert haben

INFINITIF

Infinitif I	studieren
Infinitif II	studiert haben

PARTICIPE

Participe I	studierend
Participe II	studiert

• S'apparentent à *studieren* tous les verbes, généralement d'origine étrangère, formés à l'aide des suffixes : *-ieren*, *-isieren* ou *-fizieren* (du latin *facere*, « faire ») :
telefonieren, téléphoner ; *organisieren*, organiser.

Ce mode de dérivation est particulièrement productif en allemand moderne, notamment à partir du français (*sich mokieren*, se moquer ; *imponieren*, en imposer). Quelques-uns de ces verbes sont issus du fonds germanique ; ils restent toutefois accentués sur l'avant-dernière syllabe.
hal°bieren, partager ; *randa°lieren*, faire du chahut.

SUBJONCTIF I	SUBJONCTIF II

Temps simples

Présent		Présent (prétérit de l'indicatif)	
ich	studier e	ich	studier te
du	**studier e st**	du	studier te st
er/sie/es	**studier e**	er/sie/es	studier te
wir	studier e n	wir	studier te n
ihr	**studier e t**	ihr	studier te t
sie/Sie	studier e n	sie/Sie	studier te n

Temps composés

Passé			Passé		
ich	habe	... studiert	ich	hätte	... studiert
du	**habest**	**... studiert**	du	hättest	... studiert
er/sie/es	**habe**	**... studiert**	er/sie/es	hätte	... studiert
wir	haben	... studiert	wir	hätten	... studiert
ihr	**habet**	**... studiert**	ihr	hättet	... studiert
sie/Sie	haben	... studiert	sie/Sie	hätten	... studiert

Futur I			Futur I		
ich	werde	... studieren	ich	würde	... studieren
du	**werdest**	**... studieren**	du	würdest	... studieren
er/sie/es	**werde**	**... studieren**	er/sie/es	würde	... studieren
wir	werden	... studieren	wir	würden	... studieren
ihr	werdet	... studieren	ihr	würdet	... studieren
sie/Sie	werden	... studieren	sie/Sie	würden	... studieren

Futur II			Futur II		
ich	werde	... studiert haben, etc.	ich	würde	... studiert haben, etc.

IMPÉRATIF	

Singulier	studiere...!
Pluriel 1re personne	studieren wir !
2e personne	studiert...!
Forme de politesse	studieren Sie...!

Tous ces verbes :
- suivent la conjugaison **faible**.
- sont accentués sur **l'avant-dernière syllabe** *ie* = [iː] du suffixe *-ieren* : *stu°dieren*, *telefo°nieren* ; c'est pourquoi **ils ne prennent pas ge-** au participe II (p. 11).

Er hat zwei Jahre in Köln stu°diert. Il a étudié deux ans à Cologne.

INDICATIF

Temps simples

Présent		Prétérit	
ich	kenn e	ich	kann te
du	kenn st	du	kann te st
er/sie/es	kenn t	er/sie/es	kann te
wir	kenn en	wir	kann te n
ihr	kenn t	ihr	kann te t
sie/Sie	kenn en	sie/Sie	kann te n

Temps composés

Parfait			Plus-que-parfait		
ich	habe	... gekannt	ich	hatte	... gekannt
du	hast	... gekannt	du	hattest	... gekannt
er/sie/es	hat	... gekannt	er/sie/es	hatte	... gekannt
wir	haben	... gekannt	wir	hatten	... gekannt
ihr	habt	... gekannt	ihr	hattet	... gekannt
sie/Sie	haben	... gekannt	sie/Sie	hatten	... gekannt

Futur I			Futur II		
ich	werde	... kennen	ich	werde	... gekannt haben
du	wirst	... kennen	du	wirst	... gekannt haben
er/sie/es	wird	... kennen	er/sie/es	wird	... gekannt haben
wir	werden	... kennen	wir	werden	... gekannt haben
ihr	werdet	... kennen	ihr	werdet	... gekannt haben
sie/Sie	werden	... kennen	sie/Sie	werden	... gekannt haben

INFINITIF		PARTICIPE	
Infinitif I	kennen	Participe I	kennend
Infinitif II	gekannt haben	Participe II	gekannt

On conjugue sur le même modèle :

• les composés de *kennen* : *sich **aus**kennen*, (s'y) connaître ; *bekennen* (*etw.*), avouer qch. ; *erkennen* (*jmn.*), reconnaître qn. ; *verkennen*, méconnaître ; ***an**erkennen* (Part. II ***an**erkannt*), reconnaître (une faute, un mérite) ; ***ab**erkennen* (*jmm. etw.*), contester, refuser qch. à qn.; ***zu**erkennen* (*jmm. etw.*), attribuer, décerner.

• les verbes : *brennen*, brûler ; *nennen*, nommer ; *rennen*, courir, et leurs composés.
Au sens intransitif, les composés ***ab**brennen*, être réduit en cendres ; ***aus**brennen*, se consumer ; ***nieder**brennen*, être ravagé par le feu ; *verbrennen*, périr carbonisé, se conjuguent avec l'auxiliaire ***sein***.

SUBJONCTIF I	SUBJONCTIF II

Temps simples

Présent		Présent (radical du prétérit)	
ich	kenn e	ich	kenn te
du	kenn e st	du	kenn te st
er/sie/es	kenn e	er/sie/es	kenn te
wir	kenn e n	wir	kenn te n
ihr	kenn e t	ihr	kenn te t
sie/Sie	kenn e n	sie/Sie	kenn te n

Temps composés

Passé			Passé		
ich	habe	... gekannt	ich	hätte	... gekannt
du	habest	... gekannt	du	hattest	... gekannt
er/sie/es	habe	... gekannt	er/sie/es	hätte	... gekannt
wir	haben	... gekannt	wir	hätten	... gekannt
ihr	habet	... gekannt	ihr	hättet	... gekannt
sie/Sie	haben	... gekannt	sie/Sie	hätten	... gekannt

Futur I			Futur I		
ich	werde	... kennen	ich	würde	... kennen
du	werdest	... kennen	du	würdest	... kennen
er/sie/es	werde	... kennen	er/sie/es	würde	... kennen
wir	werden	... kennen	wir	würden	... kennen
ihr	werdet	... kennen	ihr	würdet	... kennen
sie/Sie	werden	... kennen	sie/Sie	würden	... kennen

Futur II			Futur II		
ich	werde	... gekannt haben, etc.	ich	würde	... gekannt haben, etc.

IMPÉRATIF

Singulier	kenne...!
Pluriel 1re personne	kennen wir...!
2e personne	kennt...!
Forme de politesse	kennen Sie...!

INDICATIF

Temps simples

Présent		Prétérit	
ich	send e	ich	sand te
du	send est[1]	du	sand te st
er/sie/es	send et	er/sie/es	sand te
wir	send en	wir	sand te n
ihr	send et	ihr	sand te t
sie/Sie	send en	sie/Sie	sand te n

Temps composés

Parfait			Plus-que-parfait		
ich	habe	... gesandt	ich	hatte	... gesandt
du	hast	... gesandt	du	hattest	... gesandt
er/sie/es	hat	... gesandt	er/sie/es	hatte	... gesandt
wir	haben	... gesandt	wir	hatten	... gesandt
ihr	habt	... gesandt	ihr	hattet	... gesandt
sie/Sie	haben	... gesandt	sie/Sie	hatten	... gesandt

Futur I			Futur II		
ich	werde	... senden	ich	werde	... gesandt haben
du	wirst	... senden	du	wirst	... gesandt haben
er/sie/es	wird	... senden	er/sie/es	wird	... gesandt haben
wir	werden	... senden	wir	werden	... gesandt haben
ihr	werdet	... senden	ihr	werdet	... gesandt haben
sie/Sie	werden	... senden	sie/Sie	werden	... gesandt haben

INFINITIF

Infinitif I	senden
Infinitif II	gesandt haben

PARTICIPE

Participe I	sendend
Participe II	gesandt

1. Voir note p. 68.

- Le verbe *senden* présente aussi des formes régulières au prétérit (*sendete*) et au participe II (*gesendet*) : *Er hat mir ein Paket mit der Post gesendet* (plus rare : *gesandt*).
Il m'a expédié un colis par la poste.
- Au sens d'« émettre », « diffuser », on emploie uniquement les formes *sendete*, *gesendet*.
- Au sens général d'« envoyer, expédier », la langue actuelle préfère le verbe *schicken* (v. fb.), envoyer, et ses composés, *senden* étant surtout réservé au style administratif.
Die Firma hat Warenproben an ihre Kunden versandt.
La firme a expédié des échantillons à ses clients.
- On conjugue sur le même modèle le verbe *wenden*, tourner.
Er wandte sich an mich. Il s'adressa à moi.

SUBJONCTIF I	SUBJONCTIF II

Temps simples

Présent		Présent (prétérit faible)[2]	
ich	send e	ich	send ete
du	send e st	du	send ete st
er/sie/es	**send e**	er/sie/es	send ete
wir	send e n	wir	send ete n
ihr	send e t	ihr	send ete t
sie/Sie	send e n	sie/Sie	send ete n

Temps composés

Passé			Passé		
ich	habe	... gesandt	ich	hätte	... gesandt
du	**habest**	**... gesandt**	du	hättest	... gesandt
er/sie/es	**habe**	**... gesandt**	er/sie/es	hätte	... gesandt
wir	haben	... gesandt	wir	hätten	... gesandt
ihr	**habet**	**... gesandt**	ihr	hättet	... gesandt
sie/Sie	haben	... gesandt	sie/Sie	hätten	... gesandt

Futur I			Futur I		
ich	werde	... senden	ich	würde	... senden
du	**werdest**	**... senden**	du	würdest	... senden
er/sie/es	**werde**	**... senden**	er/sie/es	würde	... senden
wir	werden	... senden	wir	würden	... senden
ihr	werdet	... senden	ihr	würdet	... senden
sie/Sie	werden	... senden	sie/Sie	würden	... senden

Futur II			Futur II		
ich	werde	... ge**sand**t haben, etc.	ich	würde	... gesandt haben, etc.

IMPÉRATIF

Singulier	sende...!
Pluriel 1re personne	senden wir...!
2e personne	sendet...!
Forme de politesse	senden Sie...!

2. On emploie le prétérit faible *sendete*, mais cette forme est généralement remplacée par le futur : *ich **würde**... senden* (p. 14).

INDICATIF

Temps simples

Présent		Prétérit	
ich	bring e	ich	brach te
du	bring st	du	brach te st
er/sie/es	bring t	er/sie/es	brach te
wir	bring en	wir	brach te n
ihr	bring t	ihr	brach te t
sie/Sie	bring en	sie/Sie	brach te n

Temps composés

Parfait			Plus-que-parfait		
ich	habe	... gebracht	ich	hatte	... gebracht
du	hast	... gebracht	du	hattest	... gebracht
er/sie/es	hat	... gebracht	er/sie/es	hatte	... gebracht
wir	haben	... gebracht	wir	hatten	... gebracht
ihr	habt	... gebracht	ihr	hattet	... gebracht
sie/Sie	haben	... gebracht	sie/Sie	hatten	... gebracht

Futur I			Futur II		
ich	werde	... bringen	ich	werde	... gebracht haben
du	wirst	... bringen	du	wirst	... gebracht haben
er/sie/es	wird	... bringen	er/sie/es	wird	... gebracht haben
wir	werden	... bringen	wir	werden	... gebracht haben
ihr	werdet	... bringen	ihr	werdet	... gebracht haben
sie/Sie	werden	... bringen	sie/Sie	werden	... gebracht haben

INFINITIF		PARTICIPE	
Infinitif I	bringen	Participe I	bringend
Infinitif II	gebracht haben	Participe II	gebracht

- Le verbe *bringen* entre en composition :
a. avec des particules verbales : ***ab**bringen (jmn. von etw.)*, détourner qn. de qch.; ***an**bringen*, poser, fixer ; ***auf**bringen*, mettre en colère ; ***bei**bringen (jmm. etw.)*, procurer, enseigner qch. à qn.; ***ein**bringen*, rapporter (gain) ; ***mit**bringen*, apporter ;
b. avec les préfixes ***er-*** : *erbringen*, produire, et ***ver-*** : *verbringen*, passer.

- Cette conjugaison s'étend aussi au verbe *denken (**dachte, gedacht**)*, penser, et à ses composés : *sich **aus**denken (+ A)*, imaginer ; ***nach**denken (über + A)*, réfléchir à ; ***zurück**denken (an + A)*, se souvenir ; *bedenken*, considérer.

SUBJONCTIF I	SUBJONCTIF II

Temps simples

Présent		Présent (radical du prétérit)	
ich	bring e	ich	bräch te
du	bring e st	du	bräch te st
er/sie/es	bring e	er/sie/es	bräch te
wir	bring e n	wir	bräch te n
ihr	bring e t	ihr	bräch te t
sie/Sie	bring e n	sie/Sie	bräch te n

Temps composés

Passé			Passé		
ich	habe	... gebracht	ich	hätte	... gebracht
du	habest	... gebracht	du	hättest	... gebracht
er/sie/es	habe	... gebracht	er/sie/es	hätte	... gebracht
wir	haben	... gebracht	wir	hätten	... gebracht
ihr	habet	... gebracht	ihr	hättet	... gebracht
sie/Sie	haben	... gebracht	sie/Sie	hätten	... gebracht

Futur I			Futur I		
ich	werde	... bringen	ich	würde	... bringen
du	werdest	... bringen	du	würdest	... bringen
er/sie/es	werde	... bringen	er/sie/es	würde	... bringen
wir	werden	... bringen	wir	würden	... bringen
ihr	werdet	... bringen	ihr	würdet	... bringen
sie/Sie	werden	... bringen	sie/Sie	würden	... bringen

Futur II			Futur II		
ich	werde	... gebracht haben, etc.	ich	würde	... gebracht haben, etc.

IMPÉRATIF

Singulier	bring(e)...!
Pluriel 1re personne	bringen wir...!
2e personne	bringt...!
Forme de politesse	bringen Sie...!

INDICATIF

Temps simples

Présent		Prétérit	
ich	kann	ich	konn te
du	kann st	du	konn te st
er/sie/es	kann	er/sie/es	konn te
wir	könn en	wir	konn te n
ihr	könn t	ihr	konn te t
sie/Sie	könn en	sie/Sie	konn te n

Temps composés

Parfait			Plus-que-parfait		
ich	habe	... gekonnt / können[1]	ich	hatte	... gekonnt / können
du	hast	... gekonnt	du	hattest	... gekonnt
er/sie/es	hat	... gekonnt	er/sie/es	hatte	... gekonnt
wir	haben	... gekonnt	wir	hatten	... gekonnt
ihr	habt	... gekonnt	ihr	hattet	... gekonnt
sie/Sie	haben	... gekonnt	sie/Sie	hatten	... gekonnt

Futur I			Futur II		
ich	werde	... können	ich	werde	... gekonnt haben
du	wirst	... können	du	wirst	... gekonnt haben
er/sie/es	wird	... können	er/sie/es	wird	... gekonnt haben
wir	werden	... können	wir	werden	... gekonnt haben
ihr	werdet	... können	ihr	werdet	... gekonnt haben
sie/Sie	werden	... können	sie/Sie	werden	... gekonnt haben

INFINITIF		PARTICIPE	
Infinitif I	können	Participe I	könnend
Infinitif II	gekonnt haben	Participe II	gekonnt / können

1. Lorsque *können* est précédé lui-même d'un infinitif complément, **la forme du participe II est können** (p. 23, Les temps composés). Cette règle s'applique à tous les verbes de modalité.
*Ich habe nicht kommen **können**.* Je n'ai pas pu venir.

Können est généralement accompagné d'un **infinitif complément**.
Kannst *du* **mitkommen**? Peux-tu m'accompagner ?
Können *Sie mir bitte* **helfen**? Pouvez-vous m'aider ?
• Autorisation (sens atténué de *dürfen*).
Sie **können** *hier telefonieren.* Vous pouvez téléphoner d'ici.

SUBJONCTIF I			SUBJONCTIF II		

Temps simples

Présent			Présent (radical du prétérit)		
ich	**könn** e		ich	könn te	
du	**könn** e st		du	könn te st	
er/sie/es	**könn** e		er/sie/es	könn te	
wir	könn e n		wir	könn te n	
ihr	**könn** e t		ihr	könn te t	
sie/Sie	könn e n		sie/Sie	könn te n	

Temps composés

Passé			Passé		
ich	habe	... gekonnt / können	ich	hätte	... gekonnt / können
du	**habest**	... **gekonnt**	du	hättest	... gekonnt
er/sie/es	habe	... **gekonnt**	er/sie/es	hätte	... gekonnt
wir	haben	... gekonnt	wir	hätten	... gekonnt
ihr	**habet**	... **gekonnt**	ihr	hättet	... gekonnt
sie/Sie	haben	... gekonnt	sie/Sie	hätten	... gekonnt

Futur I			Futur I[2]		
ich	werde	... können	ich		
du	**werdest**	... **können**	du		
er/sie/es	**werde**	... **können**	er/sie/es		
wir	werden	... können	wir		
ihr	werdet	... können	ihr		
sie/Sie	werden	... können	sie/Sie		

Futur II			Futur II[3]		
ich	werde	... gekonnt haben, etc.	ich		

IMPÉRATIF inusité

2. On emploie le présent du subj. II : *ich könnte*, je pourrais.
3. On emploie le passé du subj. II : *ich hätte gekonnt / können*, j'aurais pu.

- La forme *könnte*, je pourrais, sert à exprimer :
a. une demande polie.
Könnten Sie mir bitte sagen...? Pourriez-vous me dire, s'il vous plaît... ?
b. une supposition.
Das könnte wohl stimmen. Cela pourrait bien être vrai.
- Comme les autre verbes de modalité, *können* peut être associé à une particule verbale (sans infinitif) :
Wir könnten nicht weiter (sous-entendu : *weitergehen*). Nous ne pouvions pas continuer.

INDICATIF

Temps simples

Présent		Prétérit	
ich	darf	ich	durf te
du	darf st	du	durf te st
er/sie/es	darf	er/sie/es	durf te
wir	dürf en	wir	durf te n
ihr	dürf t	ihr	durf te t
sie/Sie	dürf en	sie/Sie	durf te n

Temps composés

Parfait			Plus-que-parfait		
ich	habe	... gedurft / dürfen[1]	ich	hatte	... gedurft / dürfen
du	hast	... gedurft	du	hattest	... gedurft
er/sie/es	hat	... gedurft	er/sie/es	hatte	... gedurft
wir	haben	... gedurft	wir	hatten	... gedurft
ihr	habt	... gedurft	ihr	hattet	... gedurft
sie/Sie	haben	... gedurft	sie/Sie	hatten	... gedurft

Futur I			Futur II		
ich	werde	... dürfen	ich	werde	... gedurft haben
du	wirst	... dürfen	du	wirst	... gedurft haben
er/sie/es	wird	... dürfen	er/sie/es	wird	... gedurft haben
wir	werden	... dürfen	wir	werden	... gedurft haben
ihr	werdet	... dürfen	ihr	werdet	... gedurft haben
sie/Sie	werden	... dürfen	sie/Sie	werden	... gedurft haben

INFINITIF		PARTICIPE	
Infinitif I	dürfen	Participe I dürfend	
Infinitif II	gedurft haben	Participe II gedurft / dürfen	

1. Voir note p. 78.

• *Dürfen* exprime **la permission accordée par un tiers,** *nicht dürfen* marque une interdiction formelle.
*Sie **dürfen** das **mit**nehmen.* Vous pouvez emporter cela.
*Hier **darf** man nicht rauchen.* Il est interdit de fumer ici.

• Par extension, *dürfen* s'emploie pour exprimer :
a. une demande polie ou atténuée.
***Darf** ich bitten?* Vous permettez ?
***Darf** ich bitte mal telefonieren?* Vous permettez que je téléphone ?

SUBJONCTIF I	SUBJONCTIF II

Temps simples

Présent		Présent (radical du prétérit)	
ich	**dürf** e	ich	dürf te
du	**dürf** e st	du	dürf te st
er/sie/es	**dürf** e	er/sie/es	dürf te
wir	**dürf** e n	wir	dürf te n
ihr	**dürf** e t	ihr	dürf te t
sie/Sie	dürf e n	sie/Sie	dürf te n

Temps composés

Passé			Passé		
ich	habe	... gedurft / dürfen	ich	hätte	... gedurft / dürfen
du	**habest**	... **gedurft**	du	hättest	... gedurft
er/sie/es	**habe**	... **gedurft**	er/sie/es	hätte	... gedurft .
wir	haben	... gedurft	wir	hätten	... gedurft
ihr	**habet**	... **gedurft**	ihr	hättet	... gedurft
sie/Sie	haben	... gedurtt	sie/Sie	hätten	... gedurft

Futur I			Futur I[2]	
ich	werde	... **dürfen**	ich	
du	**werdest**	... **dürfen**	du	
er/sie/es	**werde**	... **dürfen**	er/sie/es	
wir	werden	... dürfen	wir	
ihr	werdet	... dürfen	ihr	
sie/Sie	werden	... dürfen	sie/Sie	

Futur II			Futur II[3]	
ich	werde	... gedurft haben, etc.	ich	

IMPÉRATIF inusité

2. Remplacé par le présent du subj. II : *ich dürfte.*
3. Remplacé par le passé du subj. II : *ich hätte gedurft / dürfen.*

b. un règlement, une instruction, une norme qu'il convient de ne pas enfreindre.
*Du **darfst** das nicht vergessen.* Il ne faut pas que tu oublies cela.
Souvent en association avec un infinitif passif.
*Der Film **darf** nicht **überbelichtet werden**.* Il ne faut pas surexposer la pellicule.
c. Le subjonctif II **dürfte** exprime une probabilité.
*Es **dürfte** nicht schwer sein, das zu machen.* Il ne devrait pas être difficile de faire cela.

INDICATIF

Temps simples

Présent		Prétérit	
ich	muss	ich	muss te
du	muss t	du	muss te st
er/sie/es	muss	er/sie/es	muss te
wir	müss en	wir	muss te n
ihr	müss t	ihr	muss te t
sie/Sie	müss en	sie/Sie	muss te n

Temps composés

Parfait			Plus-que-parfait		
ich	habe	... gemusst / müssen[1]	ich	hatte	... gemusst / müssen
du	hast	... gemusst	du	hattest	... gemusst
er/sie/es	hat	... gemusst	er/sie/es	hatte	... gemusst
wir	haben	... gemusst	wir	hatten	... gemusst
ihr	habt	... gemusst	ihr	hattet	... gemusst
sie/Sie	haben	... gemusst	sie/Sie	hatten	... gemusst

Futur I			Futur II		
ich	werde	... müssen	ich	werde	... gemusst haben
du	wirst	... müssen	du	wirst	... gemusst haben
er/sie/es	wird	... müssen	er/sie/es	wird	... gemusst haben
wir	werden	... müssen	wir	werden	... gemusst haben
ihr	werdet	... müssen	ihr	werdet	... gemusst haben
sie/Sie	werden	... müssen	sie/Sie	werden	... gemusst haben

INFINITIF		PARTICIPE	
Infinitif I	müssen	Participe I	müssend
Infinitif II	gemusst haben	Participe II	gemusst / müssen

1. Voir note p. 78.

- *Müssen* a un sens d'obligation et correspond au français : « il faut que... ».
*Ich **muss** um 8 wieder zu Hause sein.* Il faut que je sois rentré à la maison à 8 heures.
Ce sens est souvent souligné par l'adverbe *unbedingt*, absolument.
- La contrainte exprimée par *müssen* est souvent la conséquence logique d'une situation, d'une condition, d'une loi naturelle ou physique (il ne peut en être autrement).
*Alle Menschen **müssen** sterben.* Tous les hommes sont mortels (c'est leur condition).
Elle peut être également imposée par les circonstances.
*Hier **musst** du rechts abbiegen.* Ici, tu dois tourner à droite.

SUBJONCTIF I	SUBJONCTIF II

Temps simples

Présent		Présent (radical du prétérit)	
ich	**müss e**	ich	müss te
du	**müss e st**	du	müss te st
er/sie/es	**müss e**	er/sie/es	müss te
wir	müss e n	wir	müss te n
ihr	**müss e t**	ihr	müss te t
sie/Sie	müss e n	sie/Sie	müss te n

Temps composés

Passé			Passé		
ich	habe	... gemusst / müssen	ich	hätte	... gemusst / müssen
du	**habest**	... **gemusst**	du	hättest	... gemusst
er/sie/es	habe	... **gemusst**	er/sie/es	hätte	... gemusst
wir	haben	... gemusst	wir	hätten	... gemusst
ihr	**habet**	... **gemusst**	ihr	hättet	... gemusst
sie/Sie	haben	... gemusst	sie/Sie	hätten	... gemusst

Futur I			Futur I[2]	
ich	werde	... müssen	ich	
du	**werdest**	... **müssen**	du	
er/sie/es	**werde**	... **müssen**	er/sie/es	
wir	werden	... müssen	wir	
ihr	werdet	... müssen	ihr	
sie/Sie	werden	... müssen	sie/Sie	

Futur II			Futur II[3]	
ich	werde	... gemusst haben, etc.	ich	

IMPÉRATIF inusité

2. On emploie le présent du subj. II : *ich müsste*.
3. On emploie le passé du subj. II : *ich hätte gemusst / müssen*.

• *Müssen* permet en outre de modaliser un énoncé en exprimant :
a. une quasi-certitude.
*Er **muss** jeden Moment kommen.* Je l'attends d'un moment à l'autre. (Je suis sûr qu'il va venir.)
b. au subj. II **müsste**, un souhait ou une hypothèse (français « devrait »).
*Er **müsste** schon **an**gekommen sein.* Il devrait déjà être arrivé.

INDICATIF

Temps simples

Présent		Prétérit	
ich	soll	ich	soll te
du	soll st	du	soll te st
er/sie/es	soll	er/sie/es	soll te
wir	soll en	wir	soll te n
ihr	soll t	ihr	soll te t
sie/Sie	soll en	sie/Sie	soll te n

Temps composés

Parfait			Plus-que-parfait		
ich	habe	... gesollt / sollen[1]	ich	hatte	... gesollt / sollen
du	hast	... gesollt	du	hattest	... gesollt
er/sie/es	hat	... gesollt	er/sie/es	hatte	... gesollt
wir	haben	... gesollt	wir	hatten	... gesollt
ihr	habt	... gesollt	ihr	hattet	... gesollt
sie/Sie	haben	... gesollt	sie/Sie	hatten	... gesollt

Futur I			Futur II		
ich	werde	... sollen	ich	werde	... gesollt haben
du	wirst	... sollen	du	wirst	... gesollt haben
er/sie/es	wird	... sollen	er/sie/es	wird	... gesollt haben
wir	werden	... sollen	wir	werden	... gesollt haben
ihr	werdet	... sollen	ihr	werdet	... gesollt haben
sie/Sie	werden	... sollen	sie/Sie	werden	... gesollt haben

INFINITIF	
Infinitif I	sollen
Infinitif II	gesollt haben

PARTICIPE	
Participe I	sollend
Participe II	gesollt / sollen

1. Voir note p. 78.

- *Sollen* exprime avant tout une **contrainte imposée par un tiers** : « on veut que... ».
*Kati hat Geburtstag: Was **sollen** wir ihr schenken?* C'est l'anniversaire de Cathy : que veux-tu qu'on lui offre ?
- Ce sens varie toutefois en fonction de la situation d'énonciation :
a. ordre direct, explicite (injonctif).
*Du **sollst mit**kommen.* Je veux que tu m'accompagnes.
b. ordre transmis, implicite.
*Er **soll** sofort kommen.* Qu'il vienne immédiatement ! / Dis-lui de venir immédiatement.

SUBJONCTIF I	SUBJONCTIF II

Temps simples

Présent		Présent (prétérit de l'indicatif)	
ich	**soll** e	ich	soll te
du	**soll** e st	du	soll te st
er/sie/es	**soll** e	er/sie/es	soll te
wir	soll e n	wir	soll te n
ihr	**soll** e t	ihr	soll te t
sie/Sie	soll e n	sie/Sie	soll te n

Temps composés

Passé			Passé		
ich	habe	... gesollt / sollen	ich	hätte	... gesollt / sollen
du	**habest**	**... gesollt**	du	hättest	... gesollt
er/sie/es	**habe**	**... gesollt**	er/sie/es	hätte	... gesollt
wir	haben	... gesollt	wir	hätten	... gesollt
ihr	**habet**	**... gesollt**	ihr	hättet	... gesollt
sie/Sie	haben	... gesollt	sie/Sie	hätten	... gesollt

Futur I			Futur I[2]	
ich	werde	... sollen	ich	
du	**werdest**	**... sollen**	du	
er/sie/es	**werde**	**... sollen**	er/sie/es	
wir	werden	... sollen	wir	
ihr	werdet	... sollen	ihr	
sie/Sie	worden	... sollen	sie/Sie	

Futur II			Futur II[3]	
ich	werde	... gesollt haben, etc	ich	

IMPÉRATIF inusité

2. On emploie le présent du subj. II : *ich sollte.*
3. On emploie le passé du subj. II : *ich hätte gesollt / sollen.*

c. ordre atténué, simple recommandation ou souhait exprimé par un tiers : subj. II **sollte**.
*Du **solltest** nicht soviel rauchen.* Tu ne devrais pas tant fumer.
d. prévision (« il est prévu que », « on s'attend à »).
*Es **soll** noch kälter werden.* Il va faire encore plus froid.
• *Sollen* sert enfin à exprimer une opinion répandue : « on dit que », « il paraît que ».
*Er **soll** sehr reich sein.* On dit qu'il est très riche.

INDICATIF

Temps simples

Présent		Prétérit	
ich	will	ich	woll te
du	will st	du	woll te st
er/sie/es	will	er/sie/es	woll te
wir	woll en	wir	woll te n
ihr	woll t	ihr	woll te t
sie/Sie	woll en	sie/Sie	woll te n

Temps composés

Parfait			Plus-que-parfait		
ich	habe	... gewollt / wollen[1]	ich	hatte	... gewollt / wollen
du	hast	... gewollt	du	hattest	... gewollt
er/sie/es	hat	... gewollt	er/sie/es	hatte	... gewollt
wir	haben	... gewollt	wir	hatten	... gewollt
ihr	habt	... gewollt	ihr	hattet	... gewollt
sie/Sie	haben	... gewollt	sie/Sie	hatten	... gewollt

Futur I			Futur II		
ich	werde	... wollen	ich	werde	... gewollt haben
du	wirst	... wollen	du	wirst	... gewollt haben
er/sie/es	wird	... wollen	er/sie/es	wird	... gewollt haben
wir	werden	... wollen	wir	werden	... gewollt haben
ihr	werdet	... wollen	ihr	werdet	... gewollt haben
sie/Sie	werden	... wollen	sie/Sie	werden	... gewollt haben

INFINITIF		PARTICIPE	
Infinitif I	wollen	Participe I	wollend
Infinitif II	gewollt haben	Participe II	gewollt / wollen

1. Voir note p. 78.

Sens et emplois de *wollen* :
• Volonté, intention ferme du sujet (français « vouloir »).
***Willst** du **mit**kommen?* Veux-tu m'accompagner ?
• Emploi prospectif (« futur proche »).
*Wir **wollen** mal sehen.* Nous allons voir.
Dans ce cas, *wollen* peut exprimer un ordre implicite.
*Wir **wollen** jetzt gehen.* Maintenant, partons !

SUBJONCTIF I	SUBJONCTIF II

Temps simples

Présent		Présent (prétérit de l'indicatif)	
ich	**woll e**	ich	woll te
du	**woll e st**	du	woll te st
er/sie/es	**woll e**	er/sie/es	woll te
wir	woll e n	wir	woll te n
ihr	**woll e t**	ihr	woll te t
sie/Sie	woll e n	sie/Sie	woll te n

Temps composés

Passé			Passé		
ich	habe	... gewollt / wollen	ich	hätte	... gewollt / wollen
du	**habest**	**... gewollt**	du	hättest	... gewollt
er/sie/es	**habe**	**... gewollt**	er/sie/es	hätte	... gewollt
wir	haben	... gewollt	wir	hätten	... gewollt
ihr	**habet**	**... gewollt**	ihr	hättet	... gewollt
sie/Sie	haben	... gewollt	sie/Sie	hätten	... gewollt

Futur I			Futur I[2]	
ich	werde	... wollen	ich	
du	**werdest**	**... wollen**	du	
er/sie/es	**werde**	**... wollen**	er/sie/es	
wir	werden	... wollen	wir	
ihr	werdet	... wollen	ihr	
sie/Sie	werden	... wollen	sie/Sie	

Futur II			Futur II[3]
ich	werde	... gewollt haben, etc	ich

IMPÉRATIF inusité

2. On emploie le présent du subj. II : *ich wollte*.
3. On emploie le passé du subj. II : *ich hätte gewollt / wollen*.

- Avec les adverbes *lieber*, *am liebsten*, expression d'une préférence.
Er will lieber erst morgen kommen. Il préfère ne venir que demain.
- Affirmation d'autrui, à propos de laquelle on émet des réserves ou des doutes (« à ce qu'il dit / prétend »).
Sie will erst 30 sein. Elle prétend n'avoir que trente ans.
- Comme les autres verbes de modalité, *wollen* peut être associé, soit à un **complément directionnel** :
Ich wollte zu dir (sous-entendu *gehen*). Je voulais aller chez toi.
soit à une **particule verbale** :
Er will weg. Il veut partir.

INDICATIF

Temps simples

Présent			Prétérit	
ich	mag		ich	moch te
du	mag st		du	moch te st
er/sie/es	mag		er/sie/es	moch te
wir	mög en		wir	moch te n
ihr	mög t		ihr	moch te t
sie/Sie	mög en		sie/Sie	moch te n

Temps composés

Parfait			Plus-que-parfait		
ich	habe	... gemocht / mögen[1]	ich	hatte	... gemocht / mögen
du	hast	... gemocht	du	hattest	... gemocht
er/sie/es	hat	... gemocht	er/sie/es	hatte	... gemocht
wir	haben	... gemocht	wir	hatten	... gemocht
ihr	habt	... gemocht	ihr	hattet	... gemocht
sie/Sie	haben	... gemocht	sie/Sie	hatten	... gemocht

Futur I			Futur II		
ich	werde	... mögen	ich	werde	... gemocht haben
du	wirst	... mögen	du	wirst	... gemocht haben
er/sie/es	wird	... mögen	er/sie/es	wird	... gemocht haben
wir	werden	... mögen	wir	werden	... gemocht haben
ihr	werdet	... mögen	ihr	werdet	... gemocht haben
sie/Sie	werden	... mögen	sie/Sie	werden	... gemocht haben

INFINITIF		PARTICIPE	
Infinitif I	mögen	Participe I	mögend
Infinitif II	gemocht haben	Participe II	gemocht / mögen

1. Voir note p. 78.

- *Mögen* exprime généralement un souhait dont la réalisation **dépend de la volonté d'un tiers** (fr. « aimer bien », « avoir envie de », *ich **möchte**:* je voudrais bien). En ce sens, il diffère de *wollen*. *Er **will** Sie sprechen.* Il veut (absolument) vous parler.
*Ich **möchte** Sie sprechen.* Je souhaiterais vous parler (si vous le voulez bien).
- les formes **infléchies** de *mögen* (subj. II : **möchte, hätte gemocht**) sont spécialisées dans l'expression du souhait, de la demande polie ou atténuée.
***Möchten** Sie noch etwas?* Vous désirez autre chose ?
- les formes **non infléchies** (prés. *mag*, prét. *mochte*) présentent des sens voisins :
a. « aimer bien », sens souvent souligné par *gern* (« volontiers »).
*Ich **mag** (gern) / esse gern Eis. (Lieber mögen* a le sens de « aimer mieux »).

SUBJONCTIF I	SUBJONCTIF II

Temps simples

Présent		Présent (radical du prétérit)	
ich	**mög e**	ich	möch te
du	**mög e st**	du	möch te st
er/sie/es	**mög e**	er/sie/es	möch te
wir	mög e n	wir	möch te n
ihr	**mög e t**	ihr	möch te t
sie/Sie	mög e n	sie/Sie	möch te n

Temps composés

Passé			Passé		
ich	habe	... gemocht / mögen	ich	hätte	... gemocht / mogen
du	**habest**	**... gemocht**	du	hättest	... gemocht
er/sie/es	**habe**	**... gemocht**	er/sie/es	hätte	... gemocht
wir	haben	... gemocht	wir	hätten	... gemocht
ihr	**habet**	**... gemocht**	ihr	hättet	... gemocht
sie/Sie	haben	... gemocht	sie/Sie	hätten	... gemocht

Futur I			Futur I[2]	
ich	werde	... mögen	ich	
du	**werdest**	**... mögen**	du	
er/sie/es	**werde**	**... mögen**	er/sie/es	
wir	werden	... mögen	wir	
ihr	werdet	... mögen	ihr	
sie/Sie	werden	... mögen	sie/Sie	

Futur II			Futur II[3]	
ich	werde	... gemocht haben, etc.	ich	

IMPÉRATIF inusité

2. On emploie le présent du subj. II : *ich möchte.*
3. On emploie le passé du subj. II : *ich hätte gemocht / mögen.*

b. sens de supposition (fr. « Il se peut que... ») souvent souligné par *wohl.*
*Er **mag** wohl krank sein.* Il se peut qu'il soit malade.
c. emploi concessif (à rapprocher du sens b).
*Er **mag** ruhig kommen...* Il peut bien venir...
• Autres emplois : subj. I et II (*möge / möchte*) expression du souhait ou de la prière.
*Sag ihm, er **möge / möchte** zu mir kommen.* Dis-lui qu'il veuille bien venir me voir.

INDICATIF

Temps simples

Présent			Prétérit		
ich	weiß		ich	wuss te	
du	weiß t		du	wuss te st	
er/sie/es	weiß		er/sie/es	wuss te	
wir	wiss en		wir	wuss te n	
ihr	wiss t		ihr	wuss te t	
sie/Sie	wiss en		sie/Sie	wuss te n	

Temps composés

Parfait			Plus-que-parfait		
ich	habe	... gewusst	ich	hatte	... gewusst
du	hast	... gewusst	du	hattest	... gewusst
er/sie/es	hat	... gewusst	er/sie/es	hatte	... gewusst
wir	haben	... gewusst	wir	hatten	... gewusst
ihr	habt	... gewusst	ihr	hattet	... gewusst
sie/Sie	haben	... gewusst	sie/Sie	hatten	... gewusst

Futur I			Futur II		
ich	werde	... wissen	ich	werde	... gewusst haben
du	wirst	... wissen	du	wirst	... gewusst haben
er/sie/es	wird	... wissen	er/sie/es	wird	... gewusst haben
wir	werden	... wissen	wir	werden	... gewusst haben
ihr	werdet	... wissen	ihr	werdet	... gewusst haben
sie/Sie	werden	... wissen	sie/Sie	werden	... gewusst haben

INFINITIF		PARTICIPE	
Infinitif I	wissen	Participe I	wissend
Infinitif II	gewusst haben	Participe II	gewusst

Wissen se conjugue comme un verbe de modalité (p. 22), mais :
son infinitif complément est toujours précédé de *zu*.
*Er **weiß** sich **zu** helfen.* Il sait se débrouiller. (Sens de *können,* être capable de).

SUBJONCTIF I	SUBJONCTIF II

Temps simples

Présent		Présent (radical du prétérit)	
ich	**wiss e**	ich	wüss te[1]
du	**wiss e st**	du	wüss te st
er/sie/es	**wiss e**	er/sie/es	wüss te
wir	wiss e n	wir	wüss te n
ihr	**wiss e t**	ihr	wüss te t
sie/Sie	wiss e n	sie/Sie	wüss te n

Temps composés

Passé			Passé		
ich	habe	... gewusst	ich	hätte	... gewusst
du	**habest**	**... gewusst**	du	hattest	... gewusst
er/sie/es	**habe**	**... gewusst**	er/sie/es	hätte	... gewusst
wir	haben	... gewusst	wir	hatten	... gewusst
ihr	**habet**	**... gewusst**	ihr	hättet	... gewusst
sie/Sie	haben	... gewusst	sie/Sie	hätten	... gewusst

Futur I			Futur I		
ich	werde	... wissen	ich	würde	... wissen
du	**werdest**	**... wissen**	du	würdest	... wissen
er/sie/es	**werde**	**... wissen**	er/sie/es	würde	... wissen
wir	werden	... wissen	wir	würden	... wissen
ihr	werdet	... wissen	ihr	würdet	... wissen
sie/Sie	werden	... wissen	sie/Sie	würden	... wissen

Futur II			Futur II		
ich	werde	... gewusst haben, etc.	ich	würde	... gewusst haben, etc.

IMPÉRATIF

Singulier	wisse...!
Pluriel 1re personne	wissen wir...!
2e personne	wisst...!
Forme de politesse	wissen Sie...!

1. Équivalent du conditionnel français « je saurais ». On notera les expressions :
*Wenn ich nur **wüsste**.* Si seulement je savais.
*Nicht dass ich **wüsste**.* Pas que je sache.

INDICATIF

Temps simples

Présent			Prétérit	
ich	bleib e		ich	blieb
du	bleib st		du	blieb st
er/sie/es	bleib t		er/sie/es	blieb
wir	bleib en		wir	blieb en
ihr	bleib t		ihr	blieb t
sie/Sie	bleib en		sie/Sie	blieb en

Temps composés

Parfait			Plus-que-parfait		
ich	bin	... geblieben	ich	war	... geblieben
du	bist	... geblieben	du	warst	... geblieben
er/sie/es	ist	... geblieben	er/sie/es	war	... geblieben
wir	sind	... geblieben	wir	waren	... geblieben
ihr	seid	... geblieben	ihr	wart	... geblieben
sie/Sie	sind	... geblieben	sie/Sie	waren	... geblieben

Futur I			Futur II		
ich	werde	... bleiben	ich	werde	... geblieben sein
du	wirst	... bleiben	du	wirst	... geblieben sein
er/sie/es	wird	... bleiben	er/sie/es	wird	... geblieben sein
wir	werden	... bleiben	wir	werden	... geblieben sein
ihr	werdet	... bleiben	ihr	werdet	... geblieben sein
sie/Sie	werden	... bleiben	sie/Sie	werden	... geblieben sein

INFINITIF		PARTICIPE	
Infinitif I	bleiben	Participe I	bleibend
Infinitif II	geblieben sein	Participe II	geblieben

- *Bleiben ; steigen,* monter *; erscheinen,* apparaître *; gedeihen,* prospérer, se conjuguent avec l'auxiliaire **sein** *;* les autres verbes du même groupe avec **haben**.
- *Meiden,* éviter, et ses composés, de même que *scheiden,* séparer, et ses composés prennent un *e* intercalaire au présent :
du meidest, er meidet, ihr meidet ; du scheidest, er scheidet, ihr scheidet ;
et à la 2e personne de l'impératif pluriel : *entscheidet euch!*
- Noter *schreien,* crier : prétérit : *ich* **schrie** [ʃriː], *du* **schriest,** *er* **schrie,** *ihr* **schriet** [ʃriːt], mais : *wir / sie* **schrien** [ʃriːən].

SUBJONCTIF I	SUBJONCTIF II

Temps simples

Présent		Présent (radical du prétérit)	
ich	bleib e	ich	blieb e
du	bleib e st	du	blieb e st
er/sie/es	bleib e	er/sie/es	blieb e
wir	bleib e n	wir	blieb e n
ihr	bleib e t	ihr	blieb e t
sie/Sie	bleib e n	sie/Sie	blieb e n

Temps composés

Passé			Passé		
ich	sei	... geblieben	ich	wäre	... geblieben
du	seist	... geblieben	du	wärest	... geblieben
er/sie/es	sei	... geblieben	er/sie/es	wäre	... geblieben
wir	seien	... geblieben	wir	wären	... geblieben
ihr	seiet	... geblieben	ihr	wäret	... geblieben
sie/Sie	seien	... geblieben	sie/Sie	wären	... geblieben

Futur I			Futur I		
ich	werde	... bleiben	ich	würde	... bleiben
du	werdest	... bleiben	du	würdest	... bleiben
er/sie/es	werde	... bleiben	er/sie/es	würde	... bleiben
wir	werden	... bleiben	wir	würden	... bleiben
ihr	werdet	... bleiben	ihr	würdet	... bleiben
sie/Sie	werden	... bleiben	sie/Sie	würden	... bleiben

Futur II			Futur II		
ich	werde	... geblieben sein, etc.	ich	würde	... geblieben sein, etc.

IMPÉRATIF

Singulier	bleib(e)...!
Pluriel 1re personne	bleiben wir...!
2e personne	bleibt...!
Forme de politesse	bleiben Sie...!

INDICATIF

Temps simples

Présent			Prétérit	
ich	greif e		ich	griff
du	greif st[1]		du	griff st
er/sie/es	greif t		er/sie/es	griff
wir	greif en		wir	griff en
ihr	greif t		ihr	griff t
sie/Sie	greif en		sie/Sie	griff en

Temps composés

Parfait			Plus-que-parfait		
ich	habe	... gegriffen	ich	hatte	... gegriffen
du	hast	... gegriffen	du	hattest	... gegriffen
er/sie/es	hat	... gegriffen	er/sie/es	hatte	... gegriffen
wir	haben	... gegriffen	wir	hatten	... gegriffen
ihr	habt	... gegriffen	ihr	hattet	... gegriffen
sie/Sie	haben	... gegriffen	sie/Sie	hatten	... gegriffen

Futur I			Futur II		
ich	werde	... greifen	ich	werde	... gegriffen haben
du	wirst	... greifen	du	wirst	... gegriffen haben
er/sie/es	wird	... greifen	er/sie/es	wird	... gegriffen haben
wir	werden	... greifen	wir	werden	... gegriffen haben
ihr	werdet	... greifen	ihr	werdet	... gegriffen haben
sie/Sie	werden	... greifen	sie/Sie	werden	... gegriffen haben

INFINITIF		PARTICIPE	
Infinitif I	greifen	Participe I	greifend
Infinitif II	gegriffen haben	Participe II	gegriffen

1. Aux 2e et 3e pers. du sg. et à la 2e pers. du pl., les verbes dont le radical se termine par -d ou -t prennent le **e** euphonique : *du schneidest, du leidest, er reitet, er gleitet, ihr streitet euch.*

- Même conjugaison pour *pfeifen, pfiff, gepfiffen,* siffler ; *kneifen,* pincer ; *schleifen,* aiguiser, et leurs composés.
- Alternance *ß / ss* : *reißen, riss, gerissen,* déchirer ; *beißen, biss, gebissen,* mordre ; *schmeißen, schmiss, geschmissen,* jeter.
- *Verschleißen,* (s')user, a conservé son part. II *verschlissen,* usé.
- Alternance *d / t* : *schneiden,* **schnitt, geschnitten,** *er schneidet,* couper ; et *leiden,* **litt, gelitten,** *er leidet,* souffrir.

SUBJONCTIF I	SUBJONCTIF II

Temps simples

Présent		Présent (radical du prétérit)	
ich	greif e	ich	griff e
du	greif e st	du	griff e st
er/sie/es	greif e	er/sie/es	griff e
wir	greif e n	wir	griff e n
ihr	greif e t	ihr	griff e t
sie/Sie	greif e n	sie/Sie	griff e n

Temps composés

Passé			Passé		
ich	habe	... gegriffen	ich	hätte	... gegriffen
du	habest	... gegriffen	du	hättest	... gegriffen
er/sie/es	habe	... gegriffen	er/sie/es	hätte	... gegriffen
wir	haben	... gegriffen	wir	hätten	... gegriffen
ihr	habet	... gegriffen	ihr	hättet	... gegriffen
sie/Sie	haben	... gegriffen	sie/Sie	hätten	... gegriffen

Futur I			Futur I		
ich	werde	... greifen	ich	würde	... greifen
du	werdest	... greifen	du	würdest	... greifen
er/sie/es	werde	... greifen	er/sie/es	würde	... greifen
wir	werden	... greifen	wir	würden	... greifen
ihr	werdet	... greifen	ihr	würdet	... greifen
sie/Sie	werden	... greifen	sie/Sie	würden	... greifen

Futur II			Futur II		
ich	werde	... gegriffen haben, etc.	ich	würde	... gegriffen haben, etc.

IMPÉRATIF

Singulier	greif(e)...!
Pluriel 1re personne	greifen wir...!
2e personne	greift...!
Forme de politesse	greifen Sie...!

INDICATIF

Temps simples

Présent			Prétérit	
ich	heb e		ich	hob
du	heb st		du	hob st
er/sie/es	heb t		er/sie/es	hob
wir	heb en		wir	hob en
ihr	heb t		ihr	hob t
sie/Sie ·	heb en		sie/Sie	hob en

Temps composés

Parfait			Plus-que-parfait		
ich	habe	... gehoben	ich	hatte	... gehoben
du	hast	... gehoben	du	hattest	... gehoben
er/sie/es	hat	... gehoben	er/sie/es	hatte	... gehoben
wir	haben	... gehoben	wir	hatten	... gehoben
ihr	habt	... gehoben	ihr	hattet	... gehoben
sie/Sie	haben	... gehoben	sie/Sie	hatten	... gehoben

Futur I			Futur II		
ich	werde	... heben	ich	werde	... gehoben haben
du	wirst	... heben	du	wirst	... gehoben haben
er/sie/es	wird	... heben	er/sie/es	wird	... gehoben haben
wir	werden	... heben	wir	werden	... gehoben haben
ihr	werdet	... heben	ihr	werdet	... gehoben haben
sie/Sie	werden	... heben	sie/Sie	werden	... gehoben haben

INFINITIF		PARTICIPE	
Infinitif I	heben	Participe I	hebend
Infinitif II	gehoben haben	Participe II	gehoben

• Les verbes de ce type sont peu nombreux. Aux côtés de *heben* et de ses composés **aufheben**, **ab**heben, **hervorheben**, *(sich) erheben*, etc. on mentionnera simplement :
– *bewegen,* au sens rare de pousser, inciter à (faible dans les autres sens) ;
– *scheren*, tondre ;
– *gären*, fermenter, plus souvent faible : *gärte, gegärt* ;
– *wägen*, peser, considérer (cf. *wiegen*, → **22**), parfois *wägte, gewägt* ; le composé **ab**wägen est indifféremment fort ou faible ; *erwägen* a maintenu son participe fort *er**wogen*** (*alles wohl erwogen :* tout bien considéré).

SUBJONCTIF I	SUBJONCTIF II

Temps simples

Présent		Présent (radical du prétérit)	
ich	heb e	ich	höb e
du	heb e st	du	höb e st
er/sie/es	heb e	er/sie/es	höb e
wir	heb e n	wir	höb e n
ihr	heb e t	ihr	höb e t
sie/Sie	heb e n	sie/Sie	höb e n

Temps composés

Passé			Passé		
ich	habe	... gehoben	ich	hätte	... gehoben
du	habest	... gehoben	du	hättest	... gehoben
er/sie/es	habe	... gehoben	er/sie/es	hätte	... gehoben
wir	haben	... gehoben	wir	hätten	... gehoben
ihr	habet	... gehoben	ihr	hättet	... gehoben
sie/Sie	haben	... gehoben	sie/Sie	hätten	... gehoben

Futur I			Futur I		
ich	werde	... heben	ich	würde	... heben
du	werdest	... heben	du	würdest	... heben
er/sie/es	werde	... heben	er/sie/es	würde	... heben
wir	werden	... heben	wir	würden	... heben
ihr	werdet	... heben	ihr	würdet	... heben
sie/Sie	werden	... heben	sie/Sie	würden	... heben

Futur II			Futur II		
ich	werde	... gehoben haben, etc.	ich	würde	... gehoben haben, etc.

IMPÉRATIF

Singulier	heb(e)...!
Pluriel 1re personne	heben wir...!
2e personne	hebt...!
Forme de politesse	heben Sie...!

INDICATIF

Temps simples

Présent			Prétérit	
ich	bieg e		ich	bog
du	bieg st		du	bog st
er/sie/es	bieg t		er/sie/es	bog
wir	bieg en		wir	bog en
ihr	bieg t		ihr	bog t
sie/Sie	bieg en		sie/Sie	bog en

Temps composés

Parfait			Plus-que-parfait		
ich	habe	... gebogen	ich	hatte	... gebogen
du	hast	... gebogen	du	hattest	... gebogen
er/sie/es	hat	... gebogen	er/sie/es	hatte	... gebogen
wir	haben	... gebogen	wir	hatten	... gebogen
ihr	habt	... gebogen	ihr	hattet	... gebogen
sie/Sie	haben	... gebogen	sie/Sie	hatten	... gebogen

Futur I			Futur II		
ich	werde	... biegen	ich	werde	... gebogen haben
du	wirst	... biegen	du	wirst	... gebogen haben
er/sie/es	wird	... biegen	er/sie/es	wird	... gebogen haben
wir	werden	... biegen	wir	werden	... gebogen haben
ihr	werdet	... biegen	ihr	werdet	... gebogen haben
sie/Sie	werden	... biegen	sie/Sie	werden	... gebogen haben

INFINITIF		PARTICIPE	
Infinitif I	biegen	Participe I	biegend
Infinitif II	gebogen haben	Participe II	gebogen

- On conjugue sur le même modèle :
- *fliegen* (aux. **sein**), voler ; *wiegen*, peser ;
- radical en -*t* : *bieten*, offrir, et ses composés, dont *verbieten, verbot, verboten*, interdire, présentent un *e* intercalaire au présent : *du bietest, er bietet, ihr bietet*, et à l'impératif plur. : *bietet*...!
- radical en -*b* : *schieben*, pousser ; *ab*schieben, repousser ; *auf*schieben, différer ; **beiseite** schieben, écarter ; **hinaus**schieben, remettre, différer ; *vor*schieben, pousser, avancer ; *verschieben*, déplacer ;
- radical en -*h* : *fliehen*, (aux. **sein**), fuir, et son composé *entfliehen*, s'échapper ;
- radical en -*r* : *frieren*, geler, et *verlieren*, perdre.
- On note l'alternance *h/g* pour *ziehen, zog, gezogen* (+ A) tirer ; intr. (ist) passer et ses composés.

SUBJONCTIF I	SUBJONCTIF II

Temps simples

Présent		Présent (radical du prétérit)	
ich	bieg e	ich	bög e
du	bieg e st	du	bög e st
er/sie/es	bieg e	er/sie/es	bög e
wir	bieg e n	wir	bög e n
ihr	bieg e t	ihr	bög e t
sie/Sie	bieg e n	sie/Sie	bög e n

Temps composés

Passé			Passé		
ich	habe	... gebogen	ich	hätte	... gebogen
du	habest	... gebogen	du	hättest	... gebogen
er/sie/es	habe	... gebogen	er/sie/es	hätte	... gebogen
wir	haben	... gebogen	wir	hätten	... gebogen
ihr	habet	... gebogen	ihr	hättet	... gebogen
sie/Sie	haben	... gebogen	sie/Sie	hätten	... gebogen

Futur I			Futur I		
ich	werde	... biegen	ich	würde	... biegen
du	werdest	... biegen	du	würdest	... biegen
er/sie/es	werde	... biegen	er/sie/es	würde	... biegen
wir	werden	... biegen	wir	würden	... biegen
ihr	werdet	... biegen	ihr	würdet	... biegen
sie/Sie	werden	... biegen	sie/Sie	würden	... biegen

Futur II		Futur II	
ich	werde ... gebogen haben, etc.	ich	würde ... gebogen haben, etc.

IMPÉRATIF

Singulier	bieg(e)...!
Pluriel 1re personne	biegen wir...!
2e personne	biegt...!
Forme de politesse	biegen Sie...!

INDICATIF

Temps simples

Présent		Prétérit	
ich	schwör e	ich	schwor
du	schwör st	du	schwor st
er/sie/es	schwör t	er/sie/es	schwor
wir	schwör en	wir	schwor en
ihr	schwör t	ihr	schwor t
sie/Sie	schwör en	sie/Sie	schwor en

Temps composés

Parfait			Plus-que-parfait		
ich	habe	... geschworen	ich	hatte	... geschworen
du	hast	... geschworen	du	hattest	... geschworen
er/sie/es	hat	... geschworen	er/sie/es	hatte	... geschworen
wir	haben	... geschworen	wir	hatten	... geschworen
ihr	habt	... geschworen	ihr	hattet	... geschworen
sie/Sie	haben	... geschworen	sie/Sie	hatten	... geschworen

Futur I			Futur II		
ich	werde	... schwören	ich	werde	... geschworen haben
du	wirst	... schwören	du	wirst	... geschworen haben
er/sie/es	wird	... schwören	er/sie/es	wird	... geschworen haben
wir	werden	... schwören	wir	werden	... geschworen haben
ihr	werdet	... schwören	ihr	werdet	... geschworen haben
sie/Sie	werden	... schwören	sie/Sie	werden	... geschworen haben

INFINITIF		PARTICIPE	
Infinitif I	schwören	Participe I	schwörend
Infinitif II	geschworen haben	Participe II	geschworen

• Seuls *schwören* et ses composés **ab**schwören, abjurer ; *beschwören*, conjurer ; *sich verschwören*, se conjurer, présentent cette alternance.

SUBJONCTIF I	SUBJONCTIF II

Temps simples

Présent		Présent (radical du prétérit)	
ich	schwör e	ich	schwör e[1]
du	schwör e st	du	schwör e st
er/sie/es	schwör e	er/sie/es	schwör e
wir	schwör e n	wir	schwör e n
ihr	schwör e t	ihr	schwör e t
sie/Sie	schwör e n	sie/Sie	schwör e n

Temps composés

Passé			Passé		
ich	habe	... geschworen	ich	hätte	... geschworen
du	habest	... geschworen	du	hättest	... geschworen
er/sie/es	habe	... geschworen	er/sie/es	hätte	... geschworen
wir	haben	... geschworen	wir	hätten	... geschworen
ihr	habet	... geschworen	ihr	hättet	... geschworen
sie/Sie	haben	... geschworen	sie/Sie	hätten	... geschworen

Futur I			Futur I		
ich	werde	... schwören	ich	würde	... schwören
du	werdest	... schwören	du	würdest	... schwören
er/sie/es	werde	... schwören	er/sie/es	würde	... schwören
wir	werden	... schwören	wir	würden	... schwören
ihr	werdet	... schwören	ihr	würdet	... schwören
sie/Sie	werden	... schwören	sie/Sie	würden	... schwören

Futur II		Futur II	
ich	werde ... geschworen haben, etc.	ich	würde ... geschworen haben, etc.

IMPÉRATIF

Singulier	schwöre...!
Pluriel 1re personne	schwören wir...!
2e personne	schwört...!
Forme de politesse	schwören Sie...!

1. La forme *schwöre*, qui ne se distingue pas du subjonctif I, est généralement remplacée par le futur : *ich würde... schwören*.

INDICATIF

Temps simples

Présent			Prétérit	
ich	lüg e		ich	log
du	lüg st		du	log st
er/sie/es	lüg t		er/sie/es	log
wir	lüg en		wir	log en
ihr	lüg t		ihr	log t
sie/Sie	lüg en		sie/Sie	log en

Temps composés

Parfait			Plus-que-parfait		
ich	habe	... gelogen	ich	hatte	... gelogen
du	hast	... gelogen	du	hattest	... gelogen
er/sie/es	hat	... gelogen	er/sie/es	hatte	... gelogen
wir	haben	... gelogen	wir	hatten	... gelogen
ihr	habt	... gelogen	ihr	hattet	... gelogen
sie/Sie	haben	... gelogen	sie/Sie	hatten	... gelogen

Futur I			Futur II		
ich	werde	... lügen	ich	werde	... gelogen haben
du	wirst	... lügen	du	wirst	... gelogen haben
er/sie/es	wird	... lügen	er/sie/es	wird	... gelogen haben
wir	werden	... lügen	wir	werden	... gelogen haben
ihr	werdet	... lügen	ihr	werdet	... gelogen haben
sie/Sie	werden	... lügen	sie/Sie	werden	... gelogen haben

INFINITIF	
Infinitif I	lügen
Infinitif II	gelogen haben

PARTICIPE	
Participe I	lügend
Participe II	gelogen

• Seuls verbes de ce type :
– *lügen* et ses composés ;
– *trügen*, *betrügen*, tromper.

SUBJONCTIF I	SUBJONCTIF II

Temps simples

Présent		Présent (radical du prétérit)	
ich	lüg e	ich	lög e
du	**lüg e st**	du	lög e st
er/sie/es	**lüg e**	er/sie/es	lög e
wir	lüg e n	wir	lög e n
ihr	**lüg e t**	ihr	lög e t
sie/Sie	lüg e n	sie/Sie	lög e n

Temps composés

Passé			Passé		
ich	habe	... gelogen	ich	hätte	... gelogen
du	**habest**	... **gelogen**	du	hättest	gelogen
er/sie/es	**habe**	... **gelogen**	er/sie/es	hätte	... gelogen
wir	haben	... gelogen	wir	hätten	... gelogen
ihr	**habet**	... **gelogen**	ihr	hättet	... gelogen
sie/Sie	haben	... gelogen	sie/Sie	hatten	... gelogen

Futur I			Futur I		
ich	werde	... lügen	ich	würde	... lügen
du	**werdest**	... **lügen**	du	würdest	... lügen
er/sie/es	**werde**	... **lügen**	er/sie/es	würde	... lügen
wir	werden	... lügen	wir	würden	... lügen
ihr	werdet	... lügen	ihr	würdet	... lügen
sie/Sie	werden	... lügen	sie/Sie	würden	... lügen

Futur II			Futur II		
ich	werde	... gelogen haben, etc.	ich	würde	... gelogen haben, etc.

IMPÉRATIF

Singulier	lüg(e)...!
Pluriel 1re personne	lügen wir...!
2e personne	lügt...!
Forme de politesse	lügen Sie...!

INDICATIF

Temps simples

Présent		Prétérit	
ich	saug e	ich	sog[1]
du	saug st	du	sog st
er/sie/es	saug t	er/sie/es	sog
wir	saug en	wir	sog en
ihr	saug t	ihr	sog t
sie/Sie	saug en	sie/Sie	sog en

Temps composés

Parfait			Plus-que-parfait		
ich	habe	... gesogen[1]	ich	hatte	... gesogen
du	hast	... gesogen	du	hattest	... gesogen
er/sie/es	hat	... gesogen	er/sie/es	hatte	... gesogen
wir	haben	... gesogen	wir	hatten	... gesogen
ihr	habt	... gesogen	ihr	hattet	... gesogen
sie/Sie	haben	... gesogen	sie/Sie	hatten	... gesogen

Futur I			Futur II		
ich	werde	... saugen	ich	werde	... gesogen haben
du	wirst	... saugen	du	wirst	... gesogen haben
er/sie/es	wird	... saugen	er/sie/es	wird	... gesogen haben
wir	werden	... saugen	wir	werden	... gesogen haben
ihr	werdet	... saugen	ihr	werdet	... gesogen haben
sie/Sie	werden	... saugen	sie/Sie	werden	... gesogen haben

INFINITIF		PARTICIPE	
Infinitif I	saugen	Participe I	saugend
Infinitif II	gesogen haben	Participe II	gesogen

1. En concurrence avec le prét. faible *saugte* et le part. faible *gesaugt*. Ces deux dernières formes l'emportent notamment dans le sens technique d'« aspirer ». Noter le composé **Staub** *saugen*, passer l'aspirateur.
*Er saugte **Staub**, hat **Staub** gesaugt.* Il passait / a passé l'aspirateur.

• À rapprocher de *saugen*, le verbe *schnauben*, s'ébrouer, haleter, conservait un prétérit et un part. II forts **schnob**, **geschnoben**, aujourd'hui supplantés par les formes faibles *schnaubte*, *geschnaubt*.

SUBJ. II : ER SÖGE

1er groupe : Type A B B[1] au [au] – o [oː] – o [oː]
au [au] – o [ɔ] – o [ɔ] – äu [ɔy]

SUBJONCTIF I		SUBJONCTIF II	
Temps simples			
Présent		Présent (radical du prétérit)	
ich	saug e	ich	sög e
du	**saug e st**	du	sög e st
er/sie/es	**saug e**	er/sie/es	sög e
wir	saug e n	wir	sög e n
ihr	**saug e t**	ihr	sög e t
sie/Sie	saug e n	sie/Sie	sög e n
Temps composés			
Passé		Passé	
ich	habe ... gesogen	ich	hätte ... gesogen
du	**habest ... gesogen**	du	hättest ... gesogen
er/sie/es	**habe ... gesogen**	er/sie/es	hätte ... gesogen
wir	haben ... gesogen	wir	hätten ... gesogen
ihr	**habet ... gesogen**	ihr	hättet ... gesogen
sie/Sie	haben ... gesogen	sie/Sie	hätten ... gesogen
Futur I		Futur I	
ich	werde ... saugen	ich	würde ... saugen
du	**werdest ... saugen**	du	würdest ... saugen
er/sie/es	**werde ... saugen**	er/sie/es	würde ... saugen
wir	werden ... saugen	wir	würden ... saugen
ihr	werdet ... saugen	ihr	würdet ... saugen
sie/Sie	werden ... saugen	sie/Sie	würden ... saugen
Futur II		Futur II	
ich	werde ... gesogen haben, etc.	ich	würde ... gesogen haben, etc.

IMPÉRATIF

Singulier	sauge...!
Pluriel 1re personne	saugen wir...!
2e personne	saugt...!
Forme de politesse	saugen Sie...!

1. Cette série présente l'alternance longue / brève au prétérit et au participe II.
On distinguera par conséquent *saugen* ([oː] au prét. et part. II) et ses composés de :
saufen, boire (animal ou vulg.) ; prét. : **soff** [ɔ] ; part. II : *gesoffen* [ɔ] ; prés. : *du* **säufst**, *er* **säuft**
(à rapprocher de *laufen* → **36**).

INDICATIF

Temps simples

Présent		Prétérit	
ich	schieß e	ich	schoss
du	schieß t [1]	du	schoss est [2]
er/sie/es	schieß t	er/sie/es	schoss
wir	schieß en	wir	schoss en
ihr	schieß t	ihr	schoss t
sie/Sie	schieß en	sie/Sie	schoss en

Temps composés

Parfait			Plus-que-parfait		
ich	habe	… geschossen	ich	hatte	… geschossen
du	hast	… geschossen	du	hattest	… geschossen
er/sie/es	hat	… geschossen	er/sie/es	hatte	… geschossen
wir	haben	… geschossen	wir	hatten	… geschossen
ihr	habt	… geschossen	ihr	hattet	… geschossen
sie/Sie	haben	… geschossen	sie/Sie	hatten	… geschossen

Futur I			Futur II		
ich	werde	… schießen	ich	werde	… geschossen haben
du	wirst	… schießen	du	wirst	… geschossen haben
er/sie/es	wird	… schießen	er/sie/es	wird	… geschossen haben
wir	werden	… schießen	wir	werden	… geschossen haben
ihr	werdet	… schießen	ihr	werdet	… geschossen haben
sie/Sie	werden	… schießen	sie/Sie	werden	… geschossen haben

INFINITIF		PARTICIPE	
Infinitif I	schießen	Participe I	schießend
Infinitif II	geschossen haben	Participe II	geschossen

1. Contraction du -ß du radical et de la marque -st.
2. Présence du e euphonique.

- La plupart des verbes de cette série ont leur radical terminé par ß/ss :
- – fließen (aux. **sein**), couler ; gießen, verser, fondre ; genießen, profiter pleinement de ;
- – schließen, fermer ; beschließen, décider ;
- – sprießen (aux. **sein**), poindre, sortir de terre ;
- – verdrießen, contrarier.
- On mentionnera également dans cette série avec un radical en -ch :
- – riechen, sentir, et kriechen, ramper (aux. **sein**).

SUBJONCTIF I		SUBJONCTIF II	

Temps simples

Présent		Présent (radical du prétérit)	
ich	schieß e	ich	schöss e
du	schieß e st	du	schöss e st
er/sie/es	schieß e	er/sie/es	schöss e
wir	schieß e n	wir	schöss e n
ihr	schieß e t	ihr	schöss e t
sie/Sie	schieß e n	sie/Sie	schöss e n

Temps composés

Passé			Passé		
Ich	habe	… geschossen	ich	hätte	… geschossen
du	habest	… geschossen	du	hättest	… geschossen
er/sie/es	habe	… geschossen	er/sie/es	hätte	… geschossen
wir	haben	… geschossen	wir	hätten	… geschossen
ihr	habet	… geschossen	ihr	hättet	… geschossen
sie/Sie	haben	… geschossen	sie/Sie	hätten	… geschossen

Futur I			Futur I		
ich	werde	… schießen	ich	würde	… schießen
du	werdest	… schießen	du	würdest	… schießen
er/sie/es	werde	… schießen	er/sie/es	würde	… schießen
wir	werden	… schießen	wir	würden	… schießen
ihr	werdet	… schießen	ihr	würdet	… schießen
sie/Sie	werden	… schießen	sie/Sie	würden	… schießen

Futur II		Futur II	
ich	werde … geschossen haben, etc.	ich	würde … geschossen haben, etc.

IMPÉRATIF

Singulier	schieß (e)…!
Pluriel 1re personne	schießen wir…!
2e personne	schießt…!
Forme de politesse	schießen Sie…!

INDICATIF

Temps simples

Présent			Prétérit	
ich	dresch e		ich	drosch
du	drisch st		du	drosch st
er/sie/es	drisch t		er/sie/es	drosch
wir	dresch en		wir	drosch en
ihr	dresch t		ihr	drosch t
sie/Sie	dresch en		sie/Sie	drosch en

Temps composés

Parfait			Plus-que-parfait		
ich	habe	... gedroschen	ich	hatte	... gedroschen
du	hast	... gedroschen	du	hattest	... gedroschen
er/sie/es	hat	... gedroschen	er/sie/es	hatte	... gedroschen
wir	haben	... gedroschen	wir	hatten	... gedroschen
ihr	habt	... gedroschen	ihr	hattet	... gedroschen
sie/Sie	haben	... gedroschen	sie/Sie	hatten	... gedroschen

Futur I			Futur II		
ich	werde	... dreschen	ich	werde	... gedroschen haben
du	wirst	... dreschen	du	wirst	... gedroschen haben
er/sie/es	wird	... dreschen	er/sie/es	wird	... gedroschen haben
wir	werden	... dreschen	wir	werden	... gedroschen haben
ihr	werdet	... dreschen	ihr	werdet	... gedroschen haben
sie/Sie	werden	... dreschen	sie/Sie	werden	... gedroschen haben

INFINITIF		PARTICIPE	
Infinitif I	dreschen	Participe I	dreschend
Infinitif II	gedroschen haben	Participe II	gedroschen

1. *verdreschen* (fam.) : rouer de coups.

• Même conjugaison pour *fechten*, se battre à l'épée ; *flechten*, tresser ; *quellen*, sourdre, jaillir, et en partie aussi pour *schmelzen*, fondre, et *schwellen*, enfler, se gonfler (**fort** au sens intransitif, aux. **sein**).
• On rapprochera de *dreschen* le verbe défectif *erlöschen*, *erlosch*, *erloschen*, intr. aux. **sein**, s'éteindre.

SUBJONCTIF I	SUBJONCTIF II

Temps simples

Présent		Présent (radical du prétérit)	
ich	dresch e	ich	drösch e
du	dresch e st	du	drösch e st
er/sie/es	dresch e	er/sie/es	drösch e
wir	dresch e n	wir	drösch e n
ihr	dresch e t	ihr	drösch e t
sie/Sie	dresch e n	sie/Sie	drösch e n

Temps composés

Passé			Passé		
ich	habe	... gedroschen	ich	hätte	... gedroschen
du	habest	... gedroschen	du	hättest	... gedroschen
er/sie/es	habe	... gedroschen	er/sie/es	hätte	... gedroschen
wir	haben	... gedroschen	wir	hätten	... gedroschen
ihr	habet	... gedroschen	ihr	hättet	... gedroschen
sie/Sie	haben	... gedroschen	sie/Sie	hätten	... gedroschen

Futur I			Futur I		
ich	werde	... dreschen	ich	würde	... dreschen
du	werdest	... dreschen	du	würdest	... dreschen
er/sie/es	werde	... dreschen	er/sie/es	würde	... dreschen
wir	werden	... dreschen	wir	würden	... dreschen
ihr	werdet	... dreschen	ihr	würdet	... dreschen
sie/Sie	werden	... dreschen	sie/Sie	würden	... dreschen

Futur II		Futur II	
ich	werde ... gedroschen haben, etc.	ich	würde ... gedroschen haben, etc.

IMPÉRATIF

Singulier	drisch...!
Pluriel 1re personne	dreschen wir...!
2e personne	drescht...!
Forme de politesse	dreschen Sie...!

1. Le type *dreschen* se distingue des autres verbes du 1er groupe par son **vocalisme bref** et l'**alternance e / i** ([ɛ] / [i]) du présent de l'indicatif.
S'apparentent à cette série par leur prétérit et leur participe II les verbes :
(er) *schallen, scholl* (ou *schallte*), *geschallt*, résonner, surtout conservé au part. II *erschollen* (cf. *verschollen*, sens fig. « disparu ») ; *glimmen* (*o, o*), brûler, couver (feu), et (er)*klimmen* (*o, o*), grimper.

INDICATIF

Temps simples

Présent		Prétérit	
ich	tu e	ich	tat
du	tu st	du	tat **est**
er/sie/es	tu t	er/sie/es	tat
wir	tu **n**	wir	tat en
ihr	tu t	ihr	tat **et**
sie/Sie	tu **n**	sie/Sie	tat en

Temps composés

Parfait			Plus-que-parfait		
ich	habe	... getan	ich	hatte	... getan
du	hast	... getan	du	hattest	... getan
er/sie/es	hat	... getan	er/sie/es	hatte	... getan
wir	haben	... getan	wir	hatten	... getan
ihr	habt	... getan	ihr	hattet	... getan
sie/Sie	haben	... getan	sie/Sie	hatten	... getan

Futur I			Futur II		
ich	werde	... tun	ich	werde	... getan haben
du	wirst	... tun	du	wirst	... getan haben
er/sie/es	wird	... tun	er/sie/es	wird	... getan haben
wir	werden	... tun	wir	werden	... getan haben
ihr	werdet	... tun	ihr	werdet	... getan haben
sie/Sie	werden	... tun	sie/Sie	werden	... getan haben

INFINITIF		PARTICIPE	
Infinitif I	tun	Participe I	tuend
Infinitif II	getan haben	Participe II	getan

Le verbe *tun* entre en composition :
- avec le préfixe inaccentué *ver* : *ver*tun, gaspiller ;
- avec des particules verbales accentuées : **ab**tun, **an**tun, sich **hervor**tun, **hinaus**tun, **hinein**tun ;
- avec des adjectifs ou adverbes : jmm. **gut** tun, **wohl** tun, faire du bien à qn. ;
- avec des substantifs : **kund**tun, faire connaître, **Leid** tun, faire de la peine.

SUBJONCTIF I	SUBJONCTIF II

Temps simples

Présent		Présent (radical du prétérit)	
ich	tu e	ich	tät e
du	tu e st	du	tät e st
er/sie/es	tu e	er/sie/es	tät e
wir	tu n	wir	tät e n
ihr	tu e t	ihr	tät e t
sie/Sie	tu e n	sie/Sie	tät e n

Temps composés

Passé			Passé		
ich	habe	... getan	ich	hätte	... getan
du	habest	... getan	du	hättest	... getan
er/sie/es	habe	... getan	er/sie/es	hätte	... getan
wir	haben	... getan	wir	hätten	... getan
ihr	habet	... getan	ihr	hättet	... getan
sie/Sie	haben	... getan	sie/Sie	hätten	... getan

Futur I			Futur I		
ich	werde	... tun	ich	würde	... tun
du	werdest	... tun	du	würdest	... tun
er/sie/es	werde	... tun	er/sie/es	würde	... tun
wir	werden	... tun	wir	würden	... tun
ihr	werdet	... tun	ihr	würdet	... tun
sie/Sie	werden	... tun	sie/Sie	würden	... tun

Futur II			Futur II		
ich	werde	... getan haben, etc.	ich	würde	... getan haben, etc.

IMPÉRATIF

Singulier	tu(e)...!
Pluriel 1ʳᵉ personne	tun wir...!
2ᵉ personne	tut...!
Forme de politesse	tun Sie...

INDICATIF

Temps simples

Présent		Prétérit	
ich	steh e	ich	stand
du	steh st	du	stand (e)st
er/sie/es	steh t	er/sie/es	stand
wir	steh en	wir	stand en
ihr	steh t	ihr	stand et
sie/Sie	steh en	sie/Sie	stand en

Temps composés

Parfait			Plus-que-parfait		
ich	habe	... gestanden[1]	ich	hatte	... gestanden
du	hast	... gestanden	du	hattest	... gestanden
er/sie/es	hat	... gestanden	er/sie/es	hatte	... gestanden
wir	haben	... gestanden	wir	hatten	... gestanden
ihr	habt	... gestanden	ihr	hattet	... gestanden
sie/Sie	haben	... gestanden	sie/Sie	hatten	... gestanden

Futur I			Futur II		
ich	werde	... stehen	ich	werde	... gestanden haben
du	wirst	... stehen	du	wirst	... gestanden haben
er/sie/es	wird	... stehen	er/sie/es	wird	... gestanden haben
wir	werden	... stehen	wir	werden	... gestanden haben
ihr	werdet	... stehen	ihr	werdet	... gestanden haben
sie/Sie	werden	... stehen	sie/Sie	werden	... gestanden haben

INFINITIF		PARTICIPE	
Infinitif I	stehen	Participe I	stehend
Infinitif II	gestanden haben	Participe II	gestanden

1. *Ich bin gestanden* se rencontre en Allemagne du Sud.
Ich habe gestanden est toutefois la seule forme grammaticalement admise.

Parmi les nombreux composés de *stehen*, on notera surtout :
• avec préfixe inaccentué : *bestehen*, *bestand*, *bestanden*, réussir un examen ; *entstehen*, (*ist entstanden*), naître, provenir de ; *gestehen*, avouer ; *verstehen*, comprendre ; *missverstehen*, mal comprendre ;
• avec particule verbale accentuée : *abstehen (von)*, être éloigné de ; *aufstehen*, (*er ist aufgestanden*), se lever ; *beistehen (+ D)*, assister qn. ; *fern stehen (+ D)*, être étranger à ; *nahe stehen (+ D)*, être lié avec.

SUBJONCTIF I	SUBJONCTIF II

Temps simples

Présent		Présent (radical du prétérit)	
ich	steh e	ich	stünd e	ständ e
du	steh e st	du	stünd e st	ständ e st
er/sie/es	steh e	er/sie/es	stünd e	ständ e
wir	steh e n	wir	stünd e n	ständ e n
ihr	steh e t	ihr	stünd e t	ständ e t
sie/Sie	steh e n	sie/Sie	stünd e n	ständ e n

Temps composés

Passé			Passé		
ich	habe	... gestanden	ich	hätte	... gestanden
du	habest	... gestanden	du	hättest	... gestanden
er/sie/es	habe	... gestanden	er/sie/es	hätte	... gestanden
wir	haben	... gestanden	wir	hätten	... gestanden
ihr	habet	... gestanden	ihr	hättet	... gestanden
sie/Sie	haben	... gestanden	sie/Sie	hätten	... gestanden

Futur I			Futur I		
ich	werde	... stehen	ich	würde	... stehen
du	werdest	... stehen	du	würdest	... stehen
er/sie/es	werde	... stehen	er/sie/es	würde	... stehen
wir	werden	... stehen	wir	würden	... stehen
ihr	werdet	... stehen	ihr	würdet	... stehen
sie/Sie	werden	... stehen	sie/Sie	würden	... stehen

Futur II		Futur II	
ich	werde ... gestanden haben, etc.	ich	würde ... gestanden haben, etc.

IMPÉRATIF

Singulier	steh(e)...!
Pluriel 1re personne	stehen wir...!
2e personne	steht...!
Forme de politesse	stehen Sie...!

• avec particule non accentuée (inséparable) : *überstehen* (part. II : *überstanden*), surmonter ;
umstehen, entourer ; *widerstehen (+ D)*, *widerstand*, *hat widerstanden*, résister à.

INDICATIF

Temps simples

Présent		Prétérit	
ich	geb e	ich	gab
du	gib st[1]	du	gab st
er/sie/es	gib t[1]	er/sie/es	gab
wir	geb en	wir	gab en
ihr	geb t	ihr	gab t
sie/Sie	geb en	sie/Sie	gab en

Temps composés

Parfait			Plus-que-parfait		
ich	habe	... gegeben	ich	hatte	... gegeben
du	hast	... gegeben	du	hattest	... gegeben
er/sie/es	hat	... gegeben	er/sie/es	hatte	... gegeben
wir	haben	... gegeben	wir	hatten	... gegeben
ihr	habt	... gegeben	ihr	hattet	... gegeben
sie/Sie	haben	... gegeben	sie/Sie	hatten	... gegeben

Futur I			Futur II		
ich	werde	... geben	ich	werde	... gegeben haben
du	wirst	... geben	du	wirst	... gegeben haben
er/sie/es	wird	... geben	er/sie/es	wird	... gegeben haben
wir	werden	... geben	wir	werden	... gegeben haben
ihr	werdet	... geben	ihr	werdet	... gegeben haben
sie/Sie	werden	... geben	sie/Sie	werden	... gegeben haben

INFINITIF		PARTICIPE	
Infinitif I	geben	Participe I	gebend
Infinitif II	gegeben haben	Participe II	gegeben

1. Voyelle brève : [i].

• À l'exception de *geben* et de *treten*, poser le pied, *er tritt*, la voyelle [iː] est longue aux 2e et 3e personnes du singulier :
– *lesen*, lire : *du liest, er liest* ; prét. : *ich / er las, du lasest* ; part. II : *gelesen*.
– *sehen*, voir : *du siehst, er sieht* ; prét. : *ich / er sah, du sahst* ; part. II : *gesehen*.
– *geschehen*, se produire, *es geschieht, es geschah, es ist geschehen*, dont l'emploi est limité à la 3e personne du singulier.

SUBJONCTIF I			SUBJONCTIF II		
Temps simples					

Présent			Présent (radical du prétérit)		
ich	geb e		ich	gäb e	
du	**geb e st**		du	gäb e st	
er/sie/es	**geb e**		er/sie/es	gäb e	
wir	geb e n		wir	gäb e n	
ihr	**geb e t**		ihr	gäb e t	
sie/Sie	geb e n		sie/Sie	gäb e n	

Temps composés					

Passé			Passé		
ich	habe	... gegeben	ich	hätte	... gegeben
du	**habest**	... **gegeben**	du	hättest	... gegeben
er/sie/es	**habe**	... **gegeben**	er/sie/es	hätte	... gegeben
wir	haben	... gegeben	wir	hätten	... gegeben
ihr	**habet**	... **gegeben**	ihr	hättet	... gegeben
sie/Sie	haben	... gegeben	sie/Sie	hätten	... gegeben

Futur I			Futur I		
ich	werde	... geben	ich	würde	... geben
du	**werdest**	... **geben**	du	würdest	... geben
er/sie/es	**werde**	... **geben**	er/sie/es	würde	... geben
wir	werden	... geben	wir	würden	... geben
ihr	werdet	... geben	ihr	würdet	... geben
sie/Sie	werden	... geben	sie/Sie	würden	... geben

Futur II			Futur II		
ich	werde ... gegeben haben, etc.		ich	würde ... gegeben haben, etc.	

IMPÉRATIF	
Singulier	gib...!¹
Pluriel 1re personne	geben wir...!
2e personne	gebt...!
Forme de politesse	geben Sie...!

1. À rapprocher de la 2e personne de l'indicatif présent. Pas de terminaison au singulier.

INDICATIF

Temps simples

Présent			Prétérit		
ich	ess e		ich	aß	
du	iss t		du	aß est	
er/sie/es	iss t		er/sie/es	aß	
wir	ess en		wir	aß en	
ihr	ess t		ihr	aß t	
sie/Sie	ess en		sie/Sie	aß en	

Temps composés

Parfait			Plus-que-parfait		
ich	habe	... gegessen	ich	hatte	... gegessen
du	hast	... gegessen	du	hattest	... gegessen
er/sie/es	hat	... gegessen	er/sie/es	hatte	... gegessen
wir	haben	... gegessen	wir	hatten	... gegessen
ihr	habt	... gegessen	ihr	hattet	... gegessen
sie/Sie	haben	... gegessen	sie/Sie	hatten	... gegessen

Futur I			Futur II		
ich	werde	... essen	ich	werde	... gegessen haben
du	wirst	... essen	du	wirst	... gegessen haben
er/sie/es	wird	... essen	er/sie/es	wird	... gegessen haben
wir	werden	... essen	wir	werden	... gegessen haben
ihr	werdet	... essen	ihr	werdet	... gegessen haben
sie/Sie	werden	... essen	sie/Sie	werden	... gegessen haben

INFINITIF		PARTICIPE	
Infinitif I	essen	Participe I	essend
Infinitif II	gegessen haben	Participe II	gegessen

• Seul le vocalisme du prétérit est **long** : *aß* ([ɑː]) ; alternance [ɛ] / [i] au présent.
• On conjugue sur ce modèle, outre les composés de *essen* tels **aufessen**, **ausessen**, achever de manger, manger tout, les verbes :
– *fressen*, manger (animaux) ou bouffer (vulg.) ;
– *messen*, mesurer ;
– *vergessen*, oublier.

SUBJ. II : ER ÄßE

SUBJONCTIF I	SUBJONCTIF II

Temps simples

Présent		Présent (radical du prétérit)	
ich	ess e	ich	äß e
du	ess e st	du	äß e st
er/sie/es	ess e	er/sie/es	äß e
wir	ess e n	wir	äß e n
ihr	ess e t	ihr	äß e t
sie/Sie	ess e n	sie/Sie	äß e n

Temps composés

Passé			Passé		
ich	habe	... gegessen	ich	hätte	... gegessen
du	habest	... gegessen	du	hättest	... gegessen
er/sie/es	habe	... gegessen	er/sie/es	hätte	... gegessen
wir	haben	... gegessen	wir	hätten	... gegessen
ihr	habet	... gegessen	ihr	hättet	... gegessen
sie/Sie	haben	... gegessen	sie/Sie	hätten	... gegessen

Futur I			Futur I		
ich	werde	... essen	ich	würde	... essen
du	werdest	... essen	du	würdest	... essen
er/sie/es	werde	... essen	er/sie/es	würde	... essen
wir	werden	... essen	wir	würden	... essen
ihr	werdet	... essen	ihr	würdet	... essen
sie/Sie	werden	... essen	sie/Sie	würden	... essen

Futur II		Futur II	
ich	werde ... gegessen haben, etc.	ich	würde ... gegessen haben, etc.

IMPÉRATIF

Singulier	iss...![1]
Pluriel 1re personne	essen wir...!
2e personne	esst...!
Forme de politesse	essen Sie...!

1. Même opposition [ɛ] → [i] qu'au présent de l'indicatif. Au singulier, la marque personnelle (e) disparaît.

INDICATIF

Temps simples

Présent			Prétérit	
ich	komm e		ich	kam
du	komm st		du	kam st
er/sie/es	komm t		er/sie/es	kam
wir	komm en		wir	kam en
ihr	komm t		ihr	kam t
sie/Sie	komm en		sie/Sie	kam en

Temps composés

Parfait			Plus-que-parfait		
ich	bin	… gekommen	ich	war	… gekommen
du	bist	… gekommen	du	warst	… gekommen
er/sie/es	ist	… gekommen	er/sie/es	war	… gekommen
wir	sind	… gekommen	wir	waren	… gekommen
ihr	seid	… gekommen	ihr	wart	… gekommen
sie/Sie	sind	… gekommen	sie/Sie	waren	… gekommen

Futur I			Futur II		
ich	werde	… kommen	ich	werde	… gekommen sein
du	wirst	… kommen	du	wirst	… gekommen sein
er/sie/es	wird	… kommen	er/sie/es	wird	… gekommen sein
wir	werden	… kommen	wir	werden	… gekommen sein
ihr	werdet	… kommen	ihr	werdet	… gekommen sein
sie/Sie	werden	… kommen	sie/Sie	werden	… gekommen sein

INFINITIF		PARTICIPE	
Infinitif I	kommen	Participe I	kommend
Infinitif II	gekommen sein	Participe II	gekommen

• On notera sur le même modèle les composés de *kommen* (auxiliaire **sein** ; p. 17) :
ankommen, arriver (*Der Zug ist gerade* **an**gekommen. Le train vient juste d'arriver.) ;
aufkommen, s'élever ; (*gut / schlecht*) **aus**kommen, se tirer d'affaire ; **davon**kommen, s'en sortir.
• Mais *bekommen (+ A)*, recevoir, se construit avec l'auxiliaire **haben**.
Was **hast** *du zu Weihnachten* **bekommen**? Qu'as-tu reçu à Noël ?
Exception : *Die Knödel* **sind** *mir nicht* **bekommen**. Je n'ai pas digéré les quenelles.

SUBJONCTIF I	SUBJONCTIF II

Temps simples

Présent		Présent (radical du prétérit)	
ich	komm e	ich	käm e
du	komm e st	du	käm e st
er/sie/es	komm e	er/sie/es	käm e
wir	komm e n	wir	käm e n
ihr	komm e t	ihr	käm e t
sie/Sie	komm e n	sie/Sie	käm e n

Temps composés

Passé			Passé		
ich	sei	... gekommen	ich	wäre	... gekommen
du	seist	... gekommen	du	wärest	... gekommen
er/sie/es	sei	... gekommen	er/sie/es	wäre	... gekommen
wir	seien	... gekommen	wir	wären	... gekommen
ihr	seiet	... gekommen	ihr	wäret	... gekommen
sie/Sie	seien	... gekommen	sie/Sie	wären	... gekommen

Futur I			Futur I		
ich	werde	... kommen	ich	würde	... kommen
du	werdest	... kommen	du	würdest	... kommen
er/sie/es	werde	... kommen	er/sie/es	würde	... kommen
wir	werden	... kommen	wir	würden	... kommen
ihr	werdet	... kommen	ihr	würdet	... kommen
sie/Sie	werden	... kommen	sie/Sie	würden	... kommen

Futur II		Futur II	
ich	werde ... gekommen sein, etc.	ich	würde ... gekommen sein, etc.

IMPÉRATIF

Singulier	komm(e)...!
Pluriel 1re personne	kommen wir...!
2e personne	kommt...!
Forme de politesse	kommen Sie...!

INDICATIF

Temps simples

Présent		Prétérit	
ich	fahr e	ich	fuhr
du	fähr st	du	fuhr st
er/sie/es	fähr t	er/sie/es	fuhr
wir	fahr en	wir	fuhr en
ihr	fahr t	ihr	fuhr t
sie/Sie	fahr en	sie/Sie	fuhr en

Temps composés

Parfait			Plus-que-parfait		
ich	bin	... gefahren	ich	war	... gefahren
du	bist	... gefahren	du	warst	... gefahren
er/sie/es	ist	... gefahren	er/sie/es	war	... gefahren
wir	sind	... gefahren	wir	waren	... gefahren
ihr	seid	... gefahren	ihr	wart	... gefahren
sie/Sie	sind	... gefahren	sie/Sie	waren	... gefahren

Futur I			Futur II		
ich	werde	... fahren	ich	werde	... gefahren sein
du	wirst	... fahren	du	wirst	... gefahren sein
er/sie/es	wird	... fahren	er/sie/es	wird	... gefahren sein
wir	werden	... fahren	wir	werden	... gefahren sein
ihr	werdet	... fahren	ihr	werdet	... gefahren sein
sie/Sie	werden	... fahren	sie/Sie	werden	... gefahren sein

INFINITIF

| Infinitif I | fahren |
| Infinitif II | gefahren sein |

PARTICIPE

| Participe I | fahrend |
| Participe II | gefahren |

• **Fahren**
a. intransitif au sens de « rouler, se déplacer », se conjugue toujours avec **sein**.
*Wir **sind** (mit dem Auto, mit dem Zug) in die Schweiz **gefahren**.*
Nous sommes allés en Suisse (en voiture, par le train).
b. transitif, « conduire, véhiculer qn. » : auxiliaire **haben** :
*Ich **habe** ihn zum Bahnhof **gefahren**. Je l'ai conduit à la gare.*
• Les autres verbes du même type se conjuguent toujours avec **haben** :
– *tragen*, porter ;
– *schlagen*, frapper ;
– *graben*, creuser ; *begraben*, enterrer ;
– *laden, er **lädt**, charger ; **ein**laden (jmn. zu etw.), inviter.

SUBJONCTIF I	SUBJONCTIF II

Temps simples

Présent		Présent (radical du prétérit)	
ich	fahr e	ich	führ e
du	fahr e st	du	führ e st
er/sie/es	fahr e	er/sie/es	führ e
wir	fahr e n	wir	führ e n
ihr	fahr e t	ihr	führ e t
sie/Sie	fahr e n	sie/Sie	führ e n

Temps composés

Passé			Passé		
ich	sei	... gefahren	ich	wäre	... gefahren
du	seist	... gefahren	du	wärest	... gefahren
er/sie/es	sei	... gefahren	er/sie/es	wäre	... gefahren
wir	seien	... gefahren	wir	wären	... gefahren
ihr	seiet	... gefahren	ihr	wäret	... gefahren
sie/Sie	seien	... gefahren	sie/Sie	waren	... gefahren

Futur I			Futur I		
ich	werde	... fahren	ich	würde	... fahren
du	werdest	... fahren	du	würdest	... fahren
er/sie/es	werde	... fahren	er/sie/es	würde	... fahren
wir	werden	... fahren	wir	würden	... fahren
ihr	werdet	... fahren	ihr	würdet	... fahren
sie/Sie	werden	... fahren	sie/Sie	würden	... fahren

Futur II			Futur II		
ich	werde	... gefahren sein, etc.	ich	würde	... gefahren sein, etc.

IMPÉRATIF

Singulier	fahr(e)...!
Pluriel 1re personne	fahren wir...!
2e personne	fahrt...!
Forme de politesse	fahren Sie...!

INDICATIF

Temps simples

Présent		Prétérit	
ich	wasch e	ich	wusch
du	wäsch st	du	wusch st
er/sie/es	wäsch t	er/sie/es	wusch
wir	wasch en	wir	wusch en
ihr	wasch t	ihr	wusch t
sie/Sie	wasch en	sie/Sie	wusch en

Temps composés

Parfait			Plus-que-parfait		
ich	habe	... gewaschen	ich	hatte	... gewaschen
du	hast	... gewaschen	du	hattest	... gewaschen
er/sie/es	hat	... gewaschen	er/sie/es	hatte	... gewaschen
wir	haben	... gewaschen	wir	hatten	... gewaschen
ihr	habt	... gewaschen	ihr	hattet	... gewaschen
sie/Sie	haben	... gewaschen	sie/Sie	hatten	... gewaschen

Futur I			Futur II		
ich	werde	... waschen	ich	werde	... gewaschen haben
du	wirst	... waschen	du	wirst	... gewaschen haben
er/sie/es	wird	... waschen	er/sie/es	wird	... gewaschen haben
wir	werden	... waschen	wir	werden	... gewaschen haben
ihr	werdet	... waschen	ihr	werdet	... gewaschen haben
sie/Sie	werden	... waschen	sie/Sie	werden	... gewaschen haben

INFINITIF		PARTICIPE	
Infinitif I	waschen	Participe I	waschend
Infinitif II	gewaschen haben	Participe II	gewaschen

- La voyelle de l'infinitif et du participe II est brève ; [a] → [ɛ] à la 2ᵉ et 3ᵉ pers. de l'indicatif présent.
- *Backen*, cuire au four, présente des formes identiques. Part. II : *gebacken* (mais prét. : *backte*).
- *Schaffen* conserve ses temps forts (*schuf*, *geschaffen*) au sens de « créer » (sens ancien ou littéraire).
Dans les expressions *Ordnung, Platz, Raum schaffen*, mettre de l'ordre, faire de la place, l'emploi est hésitant au prétérit : *Er schuf* (ou : *schaffte*) *Ordnung*, **mais** *geschaffen* l'emporte au participe II : *Er hat Ordnung geschaffen*. Il a mis de l'ordre.

SUBJONCTIF I	SUBJONCTIF II

Temps simples

Présent		Présent (radical du prétérit)	
ich	wasch e	ich	wüsch e
du	wasch e st	du	wüsch e st
er/sie/es	wasch e	er/sie/es	wüsch e
wir	wasch e n	wir	wüsch e n
ihr	wasch e t	ihr	wüsch e t
sie/Sie	wasch e n	sie/Sie	wüsch e n

Temps composés

Passé			Passé		
ich	habe	... gewaschen	ich	hätte	... gewaschen
du	habest	... gewaschen	du	hättest	... gewaschen
er/sie/es	habe	... gewaschen	er/sie/es	hätte	... gewaschen
wir	haben	... gewaschen	wir	hätten	... gewaschen
ihr	habet	... gewaschen	ihr	hättet	... gewaschen
sie/Sie	haben	... gewaschen	sie/Sie	hätten	... gewaschen

Futur I			Futur I		
ich	werde	... waschen	ich	würde	... waschen
du	werdest	... waschen	du	würdest	... waschen
er/sie/es	werde	... waschen	er/sie/es	würde	... waschen
wir	werden	... waschen	wir	würden	... waschen
ihr	werdet	... waschen	ihr	würdet	... waschen
sie/Sie	werden	... waschen	sie/Sie	würden	... waschen

Futur II		Futur II	
ich	werde... gewaschen haben, etc.	ich	würde... gewaschen haben, etc.

IMPÉRATIF

Singulier	wasch(e)...!
Pluriel 1re personne	waschen wir...!
2e personne	wascht...!
Forme de politesse	waschen Sie...!

Au sens le plus courant : accomplir, réussir (fam. ou dialectal), travailler, *schaffen* est **faible** : *schaffte, geschafft.*
So, jetzt haben wir es geschafft. Cette fois, nous y sommes arrivés.

INDICATIF

Temps simples

Présent		Prétérit	
ich	schlaf e	ich	schlief
du	schläf st	du	schlief st
er/sie/es	schläf t	er/sie/es	schlief
wir	schlaf en	wir	schlief en
ihr	schlaf t	ihr	schlief t
sie/Sie	schlaf en	sie/Sie	schlief en

Temps composés

Parfait			Plus-que-parfait		
ich	habe	... geschlafen	ich	hatte	... geschlafen
du	hast	... geschlafen	du	hattest	... geschlafen
er/sie/es	hat	... geschlafen	er/sie/es	hatte	... geschlafen
wir	haben	... geschlafen	wir	hatten	... geschlafen
ihr	habt	... geschlafen	ihr	hattet	... geschlafen
sie/Sie	haben	... geschlafen	sie/Sie	hatten	... geschlafen

Futur I			Futur II		
ich	werde	... schlafen	ich	werde	... geschlafen haben
du	wirst	... schlafen	du	wirst	... geschlafen haben
er/sie/es	wird	... schlafen	er/sie/es	wird	... geschlafen haben
wir	werden	... schlafen	wir	werden	... geschlafen haben
ihr	werdet	... schlafen	ihr	werdet	... geschlafen haben
sie/Sie	werden	... schlafen	sie/Sie	werden	... geschlafen haben

INFINITIF		PARTICIPE	
Infinitif I	schlafen	Participe I	schlafend
Infinitif II	geschlafen haben	Participe II	geschlafen

- *Ein*schlafen (intr.), s'endormir, se conjugue avec **sein**.
  Ich bin spät eingeschlafen. Je me suis endormi tard.
- Autres verbes :
- *blasen*, souffler, et ses composés ;
- *raten*, conseiller, deviner, (p. 21, Particularités phonétiques) ;
- *braten*, rôtir, et ses composés.

SUBJONCTIF I	SUBJONCTIF II

Temps simples

Présent		Présent (radical du prétérit)	
ich	schlaf e	ich	schlief e
du	schlaf e st	du	schlief e st
er/sie/es	schlaf e	er/sie/es	schlief e
wir	schlaf e n	wir	schlief e n
ihr	schlaf e t	ihr	schlief e t
sie/Sie	schlaf e n	sie/Sie	schlief e n

Temps composés

Passé			Passé		
ich	habe	... geschlafen	ich	hätte	... geschlafen
du	habest	... geschlafen	du	hättest	... geschlafen
er/sie/es	habe	... geschlafen	er/sie/es	hätte	... geschlafen
wir	haben	... geschlafen	wir	hätten	... geschlafen
ihr	habet	... geschlafen	ihr	hättet	... geschlafen
sie/Sie	haben	... geschlaten	sie/Sie	hatten	... geschlafen

Futur I			Futur I		
ich	werde	... schlafen	ich	würde	... schlafen
du	werdest	... schlafen	du	würdest	... schlafen
er/sie/es	werde	... schlafen	er/sie/es	würde	... schlafen
wir	werden	... schlafen	wir	würden	... schlafen
ihr	werdet	... schlafen	ihr	würdet	... schlafen
sie/Sie	werden	... schlafen	sie/Sie	würden	... schlafen

Futur II		Futur II	
ich	werde ... geschlafen haben, etc.	ich	würde ... geschlafen haben, etc.

IMPÉRATIF

Singulier	schlaf(e)...!
Pluriel 1re personne	schlafen wir...!
2e personne	schlaft...![1]
Forme de politesse	schlafen Sie...!

■ 1. *raten : ratet...!*

INDICATIF

Temps simples

Présent		Prétérit	
ich	lauf e	ich	lief
du	läuf st	du	lief st
er/sie/es	läuf t	er/sie/es	lief
wir	lauf en	wir	lief en
ihr	lauf t	ihr	lief t
sie/Sie	lauf en	sie/Sie	lief en

Temps composés

Parfait			Plus-que-parfait		
ich	bin	... gelaufen	ich	war	... gelaufen
du	bist	... gelaufen	du	warst	... gelaufen
er/sie/es	ist	... gelaufen	er/sie/es	war	... gelaufen
wir	sind	... gelaufen	wir	waren	... gelaufen
ihr	seid	... gelaufen	ihr	wart	... gelaufen
sie/Sie	sind	... gelaufen	sie/Sie	waren	... gelaufen

Futur I			Futur II		
ich	werde	... laufen	ich	werde	... gelaufen sein
du	wirst	... laufen	du	wirst	... gelaufen sein
er/sie/es	wird	... laufen	er/sie/es	wird	... gelaufen sein
wir	werden	... laufen	wir	werden	... gelaufen sein
ihr	werdet	... laufen	ihr	werdet	... gelaufen sein
sie/Sie	werden	... laufen	sie/Sie	werden	... gelaufen sein

INFINITIF		PARTICIPE	
Infinitif I	laufen	Participe I	laufend
Infinitif II	gelaufen sein	Participe II	gelaufen

• Aux temps composés du passé, on emploie généralement l'auxiliaire **sein** :
*Ich **bin** Ski **gelaufen**.* J'ai fait du ski.
Mais :
• L'emploi est fluctuant dans certaines tournures transitives.
*Er **ist** einen neuen Rekord **gelaufen**.* Il a établi un nouveau record.
Haben est obligatoire dans les locutions pronominales de sens résultatif.
*Er **hat** sich müde **gelaufen**.* Il s'est fatigué à courir.

SUBJONCTIF I			SUBJONCTIF II		

Temps simples

Présent			Présent (radical du prétérit)		
ich	lauf e		ich	lief e	
du	lauf e st		du	lief e st	
er/sie/es	lauf e		er/sie/es	lief e	
wir	lauf e n		wir	lief e n	
ihr	lauf e t		ihr	lief e t	
sie/Sie	lauf e n		sie/Sie	lief e n	

Temps composés

Passé			Passé		
ich	sei	... gelaufen	ich	wäre	... gelaufen
du	seist	... gelaufen	du	wärest	... gelaufen
er/sie/es	sei	... gelaufen	er/sie/es	wäre	... gelaufen
wir	seien	... gelaufen	wir	wären	... gelaufen
ihr	seiet	... gelaufen	ihr	wäret	... gelaufen
sie/Sie	seien	... gelaufen	sie/Sie	wären	... gelaufen

Futur I			Futur I		
ich	werde	... laufen	ich	würde	... laufen
du	werdest	... laufen	du	würdest	... laufen
er/sie/es	werde	... laufen	er/sie/es	würde	... laufen
wir	werden	... laufen	wir	würden	... laufen
ihr	werdet	... laufen	ihr	würdet	... laufen
sie/Sie	werden	... laufen	sie/Sie	würden	... laufen

Futur II			Futur II		
ich	werde	... gelaufen sein, etc.	ich	würde	... gelaufen sein, etc.

IMPÉRATIF

Singulier	lauf(e)...!
Pluriel 1re personne	laufen wir...!
2e personne	lauft...!
Forme de politesse	laufen Sie...!

• *Hauen*, frapper, est faible au présent et au prétérit (*er haut, haute*) ; il maintient son participe fort : *gehauen*. De même *verhauen*, rouer de coups ; **abhauen**, fam. (*ist*), filer, déguerpir. (*Er **ist abgehauen**. Il s'est tiré.*).
La forme *hieb*, archaïque, ne s'emploie qu'au sens de « frapper avec une arme ».

INDICATIF

Temps simples

Présent			Prétérit	
ich	heiß e		ich	hieß
du	heiß t[1]		du	hieß est
er/sie/es	heiß t		er/sie/es	hieß
wir	heiß en		wir	hieß en
ihr	heiß t		ihr	hieß t
sie/Sie	heiß en		sie/Sie	hieß en

Temps composés

Parfait			Plus-que-parfait		
ich	habe	... geheißen	ich	hatte	... geheißen
du	hast	... geheißen	du	hattest	... geheißen
er/sie/es	hat	... geheißen	er/sie/es	hatte	... geheißen
wir	haben	... geheißen	wir	hatten	... geheißen
ihr	habt	... geheißen	ihr	hattet	... geheißen
sie/Sie	haben	... geheißen	sie/Sie	hatten	... geheißen

Futur I			Futur II		
ich	werde	... heißen	ich	werde	... geheißen haben
du	wirst	... heißen	du	wirst	... geheißen haben
er/sie/es	wird	... heißen	er/sie/es	wird	... geheißen haben
wir	werden	... heißen	wir	werden	... geheißen haben
ihr	werdet	... heißen	ihr	werdet	... geheißen haben
sie/Sie	werden	... heißen	sie/Sie	werden	... geheißen haben

INFINITIF		PARTICIPE	
Infinitif I	heißen	Participe I	heißend
Infinitif II	geheißen haben	Participe II	geheißen

1. Particularités phonétiques, p. 21.

• *Heißen* a un vocalisme différent au prétérit et au participe II, ce qui le distingue des autres verbes en *ei- i(e)*.
• **Attention** : contrairement au français, *heißen* n'est pas un verbe pronominal.
*Wie **heißt** du? – Ich **heiße** Kaspar.*
Outre cet emploi habituel, *heißen* peut être associé :
a. à un C.O.D. + attribut.
*Ich **heiße** ihn einen Lügner.* Je dis que c'est un menteur (cf. *nennen*).

SUBJONCTIF I	SUBJONCTIF II

Temps simples

Présent | **Présent (radical du prétérit)**

ich	heiß e	ich	hieß e
du	heiß e st	du	hieß e st
er/sie/es	heiß e	er/sie/es	hieß e
wir	heiß e n	wir	hieß e n
ihr	heiß e t	ihr	hieß e t
sie/Sie	heiß e n	sie/Sie	hieß e n

Temps composés

Passé | **Passé**

ich	habe	... geheißen	ich	hätte	... geheißen
du	habest	... geheißen	du	hättest	... geheißen
er/sie/es	habe	... geheißen	er/sie/es	hätte	... geheißen
wir	haben	... geheißen	wir	hätten	... geheißen
ihr	habet	... geheißen	ihr	hättet	... geheißen
sie/Sie	haben	... geheißen	sie/Sie	hätten	... geheißen

Futur I | **Futur I**

ich	werde	... heißen	ich	würde	... heißen
du	werdest	... heißen	du	würdest	... heißen
er/sie/es	werde	... heißen	er/sie/es	würde	... heißen
wir	werden	... heißen	wir	würden	... heißen
ihr	werdet	... heißen	ihr	würdet	... heißen
sie/Sie	werden	... heißen	sie/Sie	würden	... heißen

Futur II | **Futur II**

ich	werde	... geheißen haben, etc.	ich	würde	... geheißen haben, etc.

IMPÉRATIF

Singulier	heiß(e)...!
Pluriel 1re personne	heißen wir...!
2e personne	heißt...!
Forme de politesse	heißen Sie...!

b. à un infinitif complément au sens de « dire, ordonner de ».
Er hieß mich stehen bleiben. Il m'ordonna de m'arrêter.
Dans ce sens, on emploie plutôt *befehlen (+ D).*
Er befahl mir, ihm zu folgen. Il m'a ordonné de le suivre.

INDICATIF

Temps simples

Présent		Prétérit	
ich	stoß e	ich	stieß
du	stöß t	du	stieß e st
er/sie/es	stöß t	er/sie/es	stieß
wir	stoß en	wir	stieß e n
ihr	stoß t	ihr	stieß t
sie/Sie	stoß en	sie/Sie	stieß e n

Temps composés

Parfait			Plus-que-parfait		
ich	habe	... gestoßen	ich	hatte	... gestoßen
du	hast	... gestoßen	du	hattest	... gestoßen
er/sie/es	hat	... gestoßen	er/sie/es	hatte	... gestoßen
wir	haben	... gestoßen	wir	hatten	... gestoßen
ihr	habt	... gestoßen	ihr	hattet	... gestoßen
sie/Sie	haben	... gestoßen	sie/Sie	hatten	... gestoßen

Futur I			Futur II		
ich	werde	... stoßen	ich	werde	... gestoßen haben
du	wirst	... stoßen	du	wirst	... gestoßen haben
er/sie/es	wird	... stoßen	er/sie/es	wird	... gestoßen haben
wir	werden	... stoßen	wir	werden	... gestoßen haben
ihr	werdet	... stoßen	ihr	werdet	... gestoßen haben
sie/Sie	werden	... stoßen	sie/Sie	werden	... gestoßen haben

INFINITIF

Infinitif I	stoßen
Infinitif II	gestoßen haben

PARTICIPE

Participe I	stoßend
Participe II	gestoßen

• Sens transitif : auxiliaire **haben**.
*Er **hat** mich **gestoßen**.* Il m'a heurté.
• Sens intransitif (« rencontrer par hasard, tomber sur ») : auxiliaire **sein**.
*Er **ist** auf seinen Lehrer **gestoßen**.* Il est tombé sur son professeur.
*Die zwei Maschinen **sind zusammengestoßen**.* Les deux appareils sont entrés en collision.

SUBJ. II : ER STIEßE

SUBJONCTIF I	SUBJONCTIF II

Temps simples

Présent		Présent (radical du prétérit)	
ich	stoß e	ich	stieß e
du	**stoß e st**	du	stieß e st
er/sie/es	**stoß e**	er/sie/es	stieß e
wir	stoß e n	wir	stieß e n
ihr	**stoß e t**	ihr	stieß e t
sie/Sie	stoß e n	sie/Sie	stieß e n

Temps composés

Passé			Passé		
ich	habe	... gestoßen	ich	hätte	... gestoßen
du	**habest**	**... gestoßen**	du	hättest	... gestoßen
er/sie/es	**habe**	**... gestoßen**	er/sie/es	hätte	... gestoßen
wir	haben	... gestoßen	wir	hätten	... gestoßen
ihr	**habet**	**... gestoßen**	ihr	hättet	... gestoßen
sie/Sie	haben	... gestoßen	sie/Sie	hätten	... gestoßen

Futur I			Futur I		
ich	werde	... stoßen	ich	würde	... stoßen
du	**werdest**	**... stoßen**	du	würdest	... stoßen
er/sie/es	**werde**	**... stoßen**	er/sie/es	würde	... stoßen
wir	werden	... stoßen	wir	würden	... stoßen
ihr	werdet	... stoßen	ihr	würdet	... stoßen
sie/Sie	werden	... stoßen	sie/Sie	würden	... stoßen

Futur II		Futur II	
ich	werde ... gestoßen haben, etc.	ich	würde ... gestoßen haben, etc.

IMPÉRATIF

Singulier	stoß(e)...!
Pluriel 1re personne	stoßen wir...!
2e personne	stoßt...!
Forme de politesse	stoßen Sie...!

INDICATIF

Temps simples

Présent		Prétérit	
ich	ruf e	ich	rief
du	ruf st	du	rief st
er/sie/es	ruf t	er/sie/es	rief
wir	ruf en	wir	rief en
ihr	ruf t	ihr	rief t
sie/Sie	ruf en	sie/Sie	rief en

Temps composés

Parfait			Plus-que-parfait		
ich	habe	... gerufen	ich	hatte	... gerufen
du	hast	... gerufen	du	hattest	... gerufen
er/sie/es	hat	... gerufen	er/sie/es	hatte	... gerufen
wir	haben	... gerufen	wir	hatten	... gerufen
ihr	habt	... gerufen	ihr	hattet	... gerufen
sie/Sie	haben	... gerufen	sie/Sie	hatten	... gerufen

Futur I			Futur II		
ich	werde	... rufen	ich	werde	... gerufen haben
du	wirst	... rufen	du	wirst	... gerufen haben
er/sie/es	wird	... rufen	er/sie/es	wird	... gerufen haben
wir	werden	... rufen	wir	werden	... gerufen haben
ihr	werdet	... rufen	ihr	werdet	... gerufen haben
sie/Sie	werden	... rufen	sie/Sie	werden	... gerufen haben

INFINITIF		PARTICIPE	
Infinitif I	rufen	Participe I	rufend
Infinitif II	gerufen haben	Participe II	gerufen

• Se conjuguent comme *rufen* :
a. avec particule verbale : **an**rufen, téléphoner à ; **auf**rufen *(zu)*, appeler à ; **aus**rufen, proclamer, s'écrier ; **herbei**rufen, **heran**rufen, appeler, héler ; **hervor**rufen, causer, provoquer ; **zu**rufen *(jmm. etw.)*, crier à qn. ;
b. avec préfixe : *berufen (zu)*, appeler à ; *sich berufen (auf)*, se référer à, invoquer ; *verrufen*, décrier ; *widerrufen*, démentir ;
c. avec particule + préfixe : **ab**berufen, rappeler ; **ein**berufen, convoquer, enrôler (*Er wurde zum Wehrdienst **ein**berufen*. Il a été appelé sous les drapeaux.).

SUBJONCTIF I	SUBJONCTIF II

Temps simples

Présent		Présent (radical du prétérit)	
ich	ruf e	ich	rief e
du	**ruf e st**	du	rief e st
er/sie/es	**ruf e**	er/sie/es	rief e
wir	ruf e n	wir	rief e n
ihr	**ruf e t**	ihr	rief e t
sie/Sie	ruf e n	sie/Sie	rief e n

Temps composés

Passé			Passé		
ich	habe	... gerufen	ich	hätte	... gerufen
du	habest	... **gerufen**	du	hättest	... gerufen
er/sie/es	habe	... **gerufen**	er/sie/es	hätte	... gerufen
wir	haben	... gerufen	wir	hätten	... gerufen
ihr	**habet**	... **gerufen**	ihr	hättet	... gerufen
sie/Sie	haben	... gerufen	sie/Sie	hätten	... gerufen

Futur I			Futur I		
ich	werde	... rufen	ich	würde	... rufen
du	**werdest**	... **rufen**	du	würdest	... rufen
er/sie/es	**werde**	... **rufen**	er/sie/es	würde	... rufen
wir	werden	... rufen	wir	würden	... rufen
ihr	werdet	... rufen	ihr	würdet	... rufen
sie/Sie	werden	... rufen	sie/Sie	würden	... rufen

Futur II			Futur II		
ich	werde	... gerufen haben, etc.	ich	würde	... gerufen haben, etc.

IMPÉRATIF

Singulier	ruf(e)...!
Pluriel 1re personne	rufen wir...!
2e personne	ruft...!
Forme de politesse	rufen Sie...!

INDICATIF

Temps simples

Présent		Prétérit	
ich	fall e	ich	fiel
du	fäll st	du	fiel st
er/sie/es	fäll t	er/sie/es	fiel
wir	fall en	wir	fiel en
ihr	fall t	ihr	fiel t
sie/Sie	fall en	sie/Sie	fiel en

Temps composés

Parfait			Plus-que-parfait		
ich	bin	... gefallen	ich	war	... gefallen
du	bist	... gefallen	du	warst	... gefallen
er/sie/es	ist	... gefallen	er/sie/es	war	... gefallen
wir	sind	... gefallen	wir	waren	... gefallen
ihr	seid	... gefallen	ihr	wart	... gefallen
sie/Sie	sind	... gefallen	sie/Sie	waren	... gefallen

Futur I			Futur II		
ich	werde	... fallen	ich	werde	... gefallen sein
du	wirst	... fallen	du	wirst	... gefallen sein
er/sie/es	wird	... fallen	er/sie/es	wird	... gefallen sein
wir	werden	... fallen	wir	werden	... gefallen sein
ihr	werdet	... fallen	ihr	werdet	... gefallen sein
sie/Sie	werden	... fallen	sie/Sie	werden	... gefallen sein

INFINITIF	
Infinitif I	fallen
Infinitif II	gefallen sein

PARTICIPE	
Participe I	fallend
Participe II	gefallen

- On conjugue avec **sein**, outre *fallen*, les composés à particule comme **auf**fallen (+ D), frapper l'attention ; **aus**fallen, ne pas avoir lieu.
- Mais *befallen* (+ A), atteindre (maladie) ; *gefallen* (+ D), plaire ; *missfallen* (+ D), déplaire ; *überfallen* (+ A), assaillir, se conjuguent avec **haben**.
- Autres verbes :
a. *halten*, tenir, et ses composés.
b. *lassen*, laisser, faire (+ infinitif), et ses composés.

SUBJONCTIF I	SUBJONCTIF II

Temps simples

Présent		Présent (radical du prétérit)	
ich	fall e	ich	fiel e
du	fall e st	du	fiel e st
er/sie/es	fall e	er/sie/es	fiel e
wir	fall e n	wir	fiel e n
ihr	fall e t	ihr	fiel e t
sie/Sie	fall e n	sie/Sie	fiel e n

Temps composés

Passé			Passé		
ich	sei	... gefallen	ich	wäre	... gefallen
du	seist	... gefallen	du	wärest	... gefallen
er/sie/es	sei	... gefallen	er/sie/es	wäre	... gefallen
wir	seien	... gefallen	wir	wären	... gefallen
ihr	seiet	... gefallen	ihr	wäret	... gefallen
sie/Sie	seien	... gefallen	sie/Sie	wären	... gefallen

Futur I			Futur I		
ich	werde	... fallen	ich	würde	... fallen
du	werdest	... fallen	du	würdest	... fallen
er/sie/es	werde	... fallen	er/sie/es	würde	... fallen
wir	werden	... fallen	wir	würden	... fallen
ihr	werdet	... fallen	ihr	würdet	... fallen
sie/Sie	werden	... fallen	sie/Sie	würden	... fallen

Futur II			Futur II		
ich	werde	... gefallen sein, etc.	ich	würde	... gefallen sein, etc.

IMPÉRATIF

Singulier	fall(e)...!
Pluriel 1re personne	fallen wir...!
2e personne	fallt...!
Forme de politesse	fallen Sie...!

INDICATIF

Temps simples

Présent		Prétérit	
ich	fang e	ich	fing
du	fäng st	du	fing st
er/sie/es	fäng t	er/sie/es	fing
wir	fang en	wir	fing en
ihr	fang t	ihr	fing t
sie/Sie	fang en	sie/Sie	fing en

Temps composés

Parfait			Plus-que-parfait		
ich	habe	... gefangen	ich	hatte	... gefangen
du	hast	... gefangen	du	hattest	... gefangen
er/sie/es	hat	... gefangen	er/sie/es	hatte	... gefangen
wir	haben	... gefangen	wir	hatten	... gefangen
ihr	habt	... gefangen	ihr	hattet	... gefangen
sie/Sie	haben	... gefangen	sie/Sie	hatten	... gefangen

Futur I			Futur II		
ich	werde	... fangen	ich	werde	... gefangen haben
du	wirst	... fangen	du	wirst	... gefangen haben
er/sie/es	wird	... fangen	er/sie/es	wird	... gefangen haben
wir	werden	... fangen	wir	werden	... gefangen haben
ihr	werdet	... fangen	ihr	werdet	... gefangen haben
sie/Sie	werden	... fangen	sie/Sie	werden	... gefangen haben

INFINITIF		PARTICIPE	
Infinitif I	fangen	Participe I	fangend
Infinitif II	gefangen haben	Participe II	gefangen

• De même : *anfangen*, commencer ; *auffangen*, saisir, recueillir ; avec préfixe non accentué : *empfangen*, recevoir ; *sich verfangen*, s'emmêler ; *umfangen*, embrasser, entourer.
• On rapprochera de *fangen* le verbe *hängen*, être suspendu, et ses composés : *abhängen (von)*, dépendre de ; *zusammenhängen (mit)*, être en rapport avec.
Hängen (+ A), suspendre, est **faible** : *Wir haben Bilder an die Wand gehängt*. Nous avons accroché des tableaux au mur.

SUBJONCTIF I	SUBJONCTIF II

Temps simples

Présent		Présent (radical du prétérit)	
ich	fang e	ich	fing e
du	**fang e st**	du	fing e st
er/sie/es	**fang e**	er/sie/es	fing e
wir	fang e n	wir	fing e n
ihr	**fang e t**	ihr	fing e t
sie/Sie	fang e n	sie/Sie	fing e n

Temps composés

Passé			Passé		
ich	habe	... gefangen	ich	hätte	... gefangen
du	**habest**	**... gefangen**	du	hättest	... gefangen
er/sie/es	habe	... gefangen	er/sie/es	hätte	... gefangen
wir	haben	... gefangen	wir	hätten	... gefangen
ihr	**habet**	**... gefangen**	ihr	hättet	... gefangen
sie/Sie	haben	... gefangen	sie/Sie	hätten	... gefangen

Futur I			Futur I		
ich	werde	... fangen	ich	würde	... fangen
du	**werdest**	**... fangen**	du	würdest	... fangen
er/sie/es	**werde**	**... fangen**	er/sie/es	würde	... fangen
wir	werden	... fangen	wir	würden	... fangen
ihr	werdet	... fangen	ihr	würdet	... fangen
sie/Sie	werden	... fangen	sie/Sie	würden	... fangen

Futur II			Futur II		
ich	werde	... gefangen haben, etc.	ich	würde	... gefangen haben, etc.

IMPÉRATIF

Singulier	fang(e)...!
Pluriel 1re personne	fangen wir...!
2e personne	fangt...!
Forme de politesse	fangen Sie...!

INDICATIF

Temps simples

Présent		Prétérit	
ich	lieg e	ich	lag
du	lieg st	du	lag st
er/sie/es	lieg t	er/sie/es	lag
wir	lieg en	wir	lag en
ihr	lieg t	ihr	lag t
sie/Sie	lieg en	sie/Sie	lag en

Temps composés

Parfait			Plus-que-parfait		
ich	habe	... ge legen[1]	ich	hatte	... ge legen
du	hast	... ge legen	du	hattest	... ge legen
er/sie/es	hat	... ge legen	er/sie/es	hatte	... ge legen
wir	haben	... ge legen	wir	hatten	... ge legen
ihr	habt	... ge legen	ihr	hattet	... ge legen
sie/Sie	haben	... ge legen	sie/Sie	hatten	... ge legen

Futur I			Futur II		
ich	werde	... liegen	ich	werde	... ge legen haben
du	wirst	... liegen	du	wirst	... ge legen haben
er/sie/es	wird	... liegen	er/sie/es	wird	... ge legen haben
wir	werden	... liegen	wir	werden	... ge legen haben
ihr	werdet	... liegen	ihr	werdet	... ge legen haben
sie/Sie	werden	... liegen	sie/Sie	werden	... ge legen haben

INFINITIF		PARTICIPE	
Infinitif I	liegen	Participe I	liegend
Infinitif II	ge legen haben	Participe II	ge legen

1. *Ich bin gelegen* est courant en Allemagne du Sud.

Le verbe *liegen* entre en composition :
• avec des particules verbales accentuées : **ab**liegen, être à l'écart ; **an**liegen, être ajusté ; **aus**liegen, être à l'étalage ; **bei**liegen (+ D), être joint à ; **fest**liegen, être immobilisé ; **herum**liegen, traîner en désordre ; **vor**liegen, être présent, exister ;
• avec le préfixe er- : erliegen (**ist** er**leg**en + D), succomber à ;
• avec la particule non accentuée unter- : unterliegen (**ist** unter**leg**en + D), avoir le dessous, être soumis à.

SUBJONCTIF I		SUBJONCTIF II	

Temps simples

Présent		Présent (radical du prétérit)	
ich	lieg e	ich	läg e
du	lieg e st	du	läg e st
er/sie/es	lieg e	er/sie/es	läg e
wir	lieg e n	wir	läg e n
ihr	lieg e t	ihr	läg e t
sie/Sie	lieg e n	sie/Sie	läg e n

Temps composés

Passé			Passé		
ich	habe	... gelegen	ich	hätte	... gelegen
du	habest	... gelegen	du	hättest	... gelegen
er/sie/es	habe	... gelegen	er/sie/es	hätte	... gelegen
wir	haben	... gelegen	wir	hätten	... gelegen
ihr	habet	... gelegen	ihr	hättet	... gelegen
sie/Sie	haben	... gelegen	sie/Sie	hätten	... gelegen

Futur I			Futur I		
ich	werde	... liegen	ich	würde	... liegen
du	werdest	... liegen	du	würdest	... liegen
er/sie/es	werde	... liegen	er/sie/es	würde	... liegen
wir	werden	... liegen	wir	würden	... liegen
ihr	werdet	... liegen	ihr	würdet	... liegen
sie/Sie	werden	... liegen	sie/Sie	würden	... liegen

Futur II			Futur II		
ich	werde	... gelegen haben, etc.	ich	würde	... gelegen haben, etc.

IMPÉRATIF

Singulier	lieg(e)...!
Pluriel 1re personne	liegen wir...!
2e personne	liegt...!
Forme de politesse	liegen Sie...!

INDICATIF

Temps simples

Présent			Prétérit		
ich	bitt e		ich	bat	
du	bitt **est**²		du	bat **est**²	
er/sie/es	bitt **et**		er/sie/es	bat	
wir	bitt en		wir	bat en	
ihr	bitt **et**		ihr	bat **et**	
sie/Sie	bitt en		sie/Sie	bat en	

Temps composés

Parfait			Plus-que-parfait		
ich	habe	... gebeten	ich	hatte	... gebeten
du	hast	... gebeten	du	hattest	... gebeten
er/sie/es	hat	... gebeten	er/sie/es	hatte	... gebeten
wir	haben	... gebeten	wir	hatten	... gebeten
ihr	habt	... gebeten	ihr	hattet	... gebeten
sie/Sie	haben	... gebeten	sie/Sie	hatten	... gebeten

Futur I			Futur II		
ich	werde	... bitten	ich	werde	... gebeten haben
du	wirst	... bitten	du	wirst	... gebeten haben
er/sie/es	wird	... bitten	er/sie/es	wird	... gebeten haben
wir	werden	... bitten	wir	werden	... gebeten haben
ihr	werdet	... bitten	ihr	werdet	... gebeten haben
sie/Sie	werden	... bitten	sie/Sie	werden	... gebeten haben

INFINITIF		PARTICIPE	
Infinitif I	bitten	Participe I	bittend
Infinitif II	gebeten haben	Participe II	gebeten

1. *Bitten* est suivi de l'accusatif de la personne, de *um* + acc. de l'objet.
Er hat seinen Vater um Geld gebeten. Il a demandé de l'argent à son père.
2. *e* euphonique, voir Particularités phonétiques, p. 21.

On conjugue sur le modèle de *bitten* les composés :
• avec particule verbale : *ab*bitten (+ D), se faire pardonner ; *aus*bitten (sich, etw.), demander qch. ; *herein*bitten (+ A), prier d'entrer ; *heraus*bitten, prier de sortir ; *(hier)her*bitten, faire approcher ;
• avec préfixe : *erbitten (hat erbeten, von jmm. etw.)*, obtenir qch. de qn. ; *verbitten (sich etw.)*, refuser d'admettre.

SUBJONCTIF I	SUBJONCTIF II

Temps simples

Présent		Présent (radical du prétérit)	
ich	bitt e	ich	bät e
du	bitt e st	du	bät e st
er/sie/es	**bitt e**	er/sie/es	bät e
wir	bitt e n	wir	bät e n
ihr	bitt e t	ihr	bät e t
sie/Sie	bitt e n	sie/Sie	bät e n

Temps composés

Passé			Passé		
ich	habe	... gebeten	ich	hätte	... gebeten
du	**habest**	**... gebeten**	du	hättest	... gebeten
er/sie/es	**habe**	**... gebeten**	er/sie/es	hätte	... gebeten
wir	haben	... gebeten	wir	hätten	... gebeten
ihr	**habet**	**... gebeten**	ihr	hättet	... gebeten
sie/Sie	haben	... gebeten	sie/Sie	hätten	... gebeten

Futur I			Futur I		
ich	werde	... bitten	ich	würde	... bitten
du	**werdest**	**... bitten**	du	würdest	... bitten
er/sie/es	**werde**	**... bitten**	er/sie/es	würde	... bitten
wir	werden	... bitten	wir	würden	... bitten
ihr	werdet	... bitten	ihr	würdet	... bitten
sie/Sie	werden	... bitten	sie/Sie	würden	... bitten

Futur II			Futur II		
ich	werde	... gebeten haben, etc.	ich	würde	... gebeten haben, etc.

IMPÉRATIF

Singulier	bitte...!
Pluriel 1re personne	bitten wir...!
2e personne	bittet...!
Forme de politesse	bitten Sie...!

INDICATIF

Temps simples

Présent		Prétérit	
ich	sitz e	ich	saß
du	sitz t	du	saß est
er/sie/es	sitz t	er/sie/es	saß
wir	sitz en	wir	saß en
ihr	sitz t	ihr	saß t
sie/Sie	sitz en	sie/Sie	saß en

Temps composés

Parfait			Plus-que-parfait		
ich	habe	... gesessen[1]	ich	hatte	... gesessen
du	hast	... gesessen	du	hattest	... gesessen
er/sie/es	hat	... gesessen	er/sie/es	hatte	... gesessen
wir	haben	... gesessen	wir	hatten	... gesessen
ihr	habt	... gesessen	ihr	hattet	... gesessen
sie/Sie	haben	... gesessen	sie/Sie	hatten	... gesessen

Futur I			Futur II		
ich	werde	... sitzen	ich	werde	... gesessen haben
du	wirst	... sitzen	du	wirst	... gesessen haben
er/sie/es	wird	... sitzen	er/sie/es	wird	... gesessen haben
wir	werden	... sitzen	wir	werden	... gesessen haben
ihr	werdet	... sitzen	ihr	werdet	... gesessen haben
sie/Sie	werden	... sitzen	sie/Sie	werden	... gesessen haben

INFINITIF		PARTICIPE	
Infinitif I	sitzen	Participe I	sitzend
Infinitif II	gesessen haben	Participe II	gesessen

1. *Ich bin gesessen* est courant en Allemagne du Sud.

On notera les composés :
• **ab**sitzen *(eine Strafe)*, purger (une peine) ; **auf**sitzen, monter en selle ou sur le siège ; **fest**sitzen, être immobilisé ; **herum**sitzen, être désœuvré ; **nach**sitzen, être en retenue ; **vor**sitzen (+ D), présider à ;
• *besitzen*, posséder.

SUBJONCTIF I		SUBJONCTIF II	

Temps simples

Présent		Présent (radical du prétérit)	
ich	sitz e	ich	säß e
du	sitz e st	du	säß e st
er/sie/es	sitz e	er/sie/es	säß e
wir	sitz e n	wir	säß e n
ihr	sitz e t	ihr	säß e t
sie/Sie	sitz e n	sie/Sie	säß e n

Temps composés

Passé			Passé		
ich	habe	… gesessen	ich	hätte	… gesessen
du	habest	… gesessen	du	hättest	… gesessen
er/sie/es	habe	… gesessen	er/sie/es	hätte	… gesessen
wir	haben	… gesessen	wir	hätten	… gesessen
ihr	habet	… gesessen	ihr	hättet	… gesessen
sie/Sie	haben	… gesessen	sie/Sie	hätten	… gesessen

Futur I			Futur I		
ich	werde	… sitzen	ich	würde	… sitzen
du	werdest	… sitzen	du	würdest	… sitzen
er/sie/es	werde	… sitzen	er/sie/es	würde	… sitzen
wir	werden	… sitzen	wir	würden	… sitzen
ihr	werdet	… sitzen	ihr	würdet	… sitzen
sie/Sie	werden	… sitzen	sie/Sie	würden	… sitzen

Futur II		Futur II	
ich	werde … gesessen haben, etc.	ich	würde … gesessen haben, etc.

IMPÉRATIF

Singulier	sitz(e)…!
Pluriel 1ʳᵉ personne	sitzen wir…!
2ᵉ personne	sitzt…!
Forme de politesse	sitzen Sie…!

INDICATIF

Temps simples

Présent		Prétérit	
ich	stehl e	ich	stahl
du	stiehl st	du	stahl st
er/sie/es	stiehl t	er/sie/es	stahl
wir	stehl en	wir	stahl en
ihr	stehl t	ihr	stahl t
sie/Sie	stehl en	sie/Sie	stahl en

Temps composés

Parfait			Plus-que-parfait		
ich	habe	... gestohlen	ich	hatte	... gestohlen
du	hast	... gestohlen	du	hattest	... gestohlen
er/sie/es	hat	... gestohlen	er/sie/es	hatte	... gestohlen
wir	haben	... gestohlen	wir	hatten	... gestohlen
ihr	habt	... gestohlen	ihr	hattet	... gestohlen
sie/Sie	haben	... gestohlen	sie/Sie	hatten	... gestohlen

Futur I			Futur II		
ich	werde	... stehlen	ich	werde	... gestohlen haben
du	wirst	... stehlen	du	wirst	... gestohlen haben
er/sie/es	wird	... stehlen	er/sie/es	wird	... gestohlen haben
wir	werden	... stehlen	wir	werden	... gestohlen haben
ihr	werdet	... stehlen	ihr	werdet	... gestohlen haben
sie/Sie	werden	... stehlen	sie/Sie	werden	... gestohlen haben

INFINITIF

Infinitif I	stehlen
Infinitif II	gestohlen haben

PARTICIPE

Participe I	stehlend
Participe II	gestohlen

Cette conjugaison s'applique aussi :
- aux composés de *stehlen* : *sich **weg**stehlen*, s'esquiver ; *bestehlen (+ A),* voler qn.
- aux verbes *befehlen (+ D)*, ordonner.
*Er **befahl** mir, hier zu bleiben.* Il m'ordonna de rester.
et *empfehlen (+ D + A)*, recommander qch. à qn.
*Ein Freund hat mir dieses Buch **empfohlen**.* Un ami m'a recommandé ce livre.
- au verbe *gebären, gebar, geboren, sie gebärt*, mettre au monde, employé surtout au participe II.
*Ich **bin** in Paris **geboren**.* Je suis né à Paris.

SUBJONCTIF I			SUBJONCTIF II		

Temps simples

Présent			Présent (radical du prétérit)		
ich	stehl e		ich	stähl e[1]	
du	stehl e st		du	stähl e st	
er/sie/es	stehl e		er/sie/es	stähl e	
wir	stehl e n		wir	stähl e n	
ihr	stehl e t		ihr	stähl e t	
sie/Sie	stehl e n		sie/Sie	stähl e n	

Temps composés

Passé			Passé		
ich	habe	... gestohlen	ich	hätte	... gestohlen
du	habest	... gestohlen	du	hättest	... gestohlen
er/sie/es	habe	... gestohlen	er/sie/es	hätte	... gestohlen
wir	haben	... gestohlen	wir	hätten	... gestohlen
ihr	habet	... gestohlen	ihr	hättet	... gestohlen
sie/Sie	haben	... gestohlen	sie/Sie	hätten	... gestohlen

Futur I			Futur I		
ich	werde	... stehlen	ich	würde	... stehlen
du	werdest	... stehlen	du	würdest	... stehlen
er/sie/es	werde	... stehlen	er/sie/es	würde	... stehlen
wir	werden	... stehlen	wir	würden	... stehlen
ihr	werdet	... stehlen	ihr	würdet	... stehlen
sie/Sie	werden	... stehlen	sie/Sie	würden	... stehlen

Futur II			Futur II		
ich	werde	... gestohlen haben, etc.	ich	würde	... gestohlen haben, etc.

IMPÉRATIF	

Singulier	stiehl...!
Pluriel 1re personne	stehlen wir...!
2e personne	stehlt...!
Forme de politesse	stehlen Sie...!

■ 1. *befehlen : befőhle ; empfehlen : empföhle.*

INDICATIF

Temps simples

Présent			Prétérit		
ich	nehm e		ich	nahm	
du	nimm st		du	nahm st	
er/sie/es	nimm t		er/sie/es	nahm	
wir	nehm en		wir	nahm en	
ihr	nehm t		ihr	nahm t	
sie/Sie	nehm en		sie/Sie	nahm en	

Temps composés

Parfait			Plus-que-parfait		
ich	habe	… genommen	ich	hatte	… genommen
du	hast	… genommen	du	hattest	… genommen
er/sie/es	hat	… genommen	er/sie/es	hatte	… genommen
wir	haben	… genommen	wir	hatten	… genommen
ihr	habt	… genommen	ihr	hattet	… genommen
sie/Sie	haben	… genommen	sie/Sie	hatten	… genommen

Futur I			Futur II		
ich	werde	… nehmen	ich	werde	… genommen haben
du	wirst	… nehmen	du	wirst	… genommen haben
er/sie/es	wird	… nehmen	er/sie/es	wird	… genommen haben
wir	werden	… nehmen	wir	werden	… genommen haben
ihr	werdet	… nehmen	ihr	werdet	… genommen haben
sie/Sie	werden	… nehmen	sie/Sie	werden	… genommen haben

INFINITIF

Infinitif I	nehmen
Infinitif II	genommen haben

PARTICIPE

Participe I	nehmend
Participe II	genommen

Seul représentant de cette série, le verbe *nehmen* entre en composition :
- avec des particules verbales : **ab**nehmen, ôter, diminuer ; **an**nehmen, accepter, supposer ; **auf**nehmen, accueillir, etc.
- avec certains préfixes : *sich benehmen*, se comporter ; *entnehmen (+ D)*, prélever, tirer de ; *vernehmen*, entendre ;
- avec des particules inaccentuées : *über-, unter- : übernehmen*, prendre en charge, assumer ; *unternehmen*, entreprendre.

SUBJONCTIF I	SUBJONCTIF II

Temps simples

Présent		Présent (radical du prétérit)	
ich	nehm e	ich	nähm e
du	nehm e st	du	nähm e st
er/sie/es	nehm e	er/sie/es	nähm e
wir	nehm e n	wir	nähm e n
ihr	nehm e t	ihr	nähm e t
sie/Sie	nehm e n	sie/Sie	nähm e n

Temps composés

Passé			Passé		
ich	habe	... genommen	ich	hätte	... genommen
du	habest	... genommen	du	hättest	... genommen
er/sie/es	habe	... genommen	er/sie/es	hätte	... genommen
wir	haben	... genommen	wir	hätten	... genommen
ihr	habet	... genommen	ihr	hättet	... genommen
sie/Sie	haben	... genommen	sie/Sie	hätten	... genommen

Futur I			Futur I		
ich	werde	... nehmen	ich	würde	... nehmen
du	werdest	... nehmen	du	würdest	... nehmen
er/sie/es	werde	... nehmen	er/sie/es	würde	... nehmen
wir	werden	... nehmen	wir	würden	... nehmen
ihr	werdet	... nehmen	ihr	würdet	... nehmen
sie/Sie	werden	... nehmen	sie/Sie	würden	... nehmen

Futur II		Futur II	
ich	werde ... genommen haben, etc.	ich	würde ... genommen haben, etc.

IMPÉRATIF

Singulier	nimm...!
Pluriel 1re personne	nehmen wir...!
2e personne	nehmt...!
Forme de politesse	nehmen Sie...!

INDICATIF

Temps simples

Présent		Prétérit	
ich	sprech e	ich	sprach
du	sprich st	du	sprach st
er/sie/es	sprich t	er/sie/es	sprach
wir	sprech en	wir	sprach en
ihr	sprech t	ihr	sprach t
sie/Sie	sprech en	sie/Sie	sprach en

Temps composés

Parfait			Plus-que-parfait		
ich	habe	… gesprochen	ich	hatte	… gesprochen
du	hast	… gesprochen	du	hattest	… gesprochen
er/sie/es	hat	… gesprochen	er/sie/es	hatte	… gesprochen
wir	haben	… gesprochen	wir	hatten	… gesprochen
ihr	habt	… gesprochen	ihr	hattet	… gesprochen
sie/Sie	haben	… gesprochen	sie/Sie	hatten	… gesprochen

Futur I			Futur II		
ich	werde	… sprechen	ich	werde	… gesprochen haben
du	wirst	… sprechen	du	wirst	… gesprochen haben
er/sie/es	wird	… sprechen	er/sie/es	wird	… gesprochen haben
wir	werden	… sprechen	wir	werden	… gesprochen haben
ihr	werdet	… sprechen	ihr	werdet	… gesprochen haben
sie/Sie	werden	… sprechen	sie/Sie	werden	… gesprochen haben

INFINITIF

Infinitif I	sprechen
Infinitif II	gesprochen haben

PARTICIPE

Participe I	sprechend
Participe II	gesprochen

Se conjuguent sur le même modèle :
• les composés de *sprechen* : **ab**sprechen *(jmm. etw.)*, contester, *(etw. mit jmm.)*, convenir de ; **an**sprechen *(+ A)*, aborder qn. ; **aus**sprechen, prononcer ; **durch**sprechen, débattre ; **frei**sprechen *(+ A)*, acquitter ; **nach**sprechen, répéter, etc.
• les verbes *brechen*, rompre, (se) briser ; *stechen*, piquer, et leur composés.
• les verbes *treffen*, atteindre, rencontrer, et *erschrecken* (*erschrak* au prétérit), s'effrayer, présentent la même alternance vocalique que *sprechen*.

SUBJONCTIF I	SUBJONCTIF II

Temps simples

Présent		Présent (radical du prétérit)	
ich	sprech e	ich	spräch e
du	**sprech e st**	du	spräch e st
er/sie/es	**sprech e**	er/sie/es	spräch e
wir	sprech e n	wir	spräch e n
ihr	**sprech e t**	ihr	spräch e t
sie/Sie	sprech e n	sie/Sie	spräch e n

Temps composés

Passé			Passé		
ich	habe	... gesprochen	ich	hätte	... gesprochen
du	**habest**	**... gesprochen**	du	hättest	... gesprochen
er/sie/es	**habe**	**... gesprochen**	er/sie/es	hätte	... gesprochen
wir	haben	... gesprochen	wir	hätten	... gesprochen
ihr	**habet**	**... gesprochen**	ihr	hättet	... gesprochen
sie/Sie	haben	... gesprochen	sie/Sie	hätten	... gesprochen

Futur I			Futur I		
ich	werde	... sprechen	ich	würde	... sprechen
du	**werdest**	**... sprechen**	du	würdest	... sprechen
er/sie/es	**werde**	**... sprechen**	er/sie/es	würde	... sprechen
wir	werden	... sprechen	wir	würden	... sprechen
ihr	werdet	... sprechen	ihr	würdet	... sprechen
sie/Sie	werden	... sprechen	sie/Sie	würden	... sprechen

Futur II		Futur II	
ich	werde ... gesprochen haben, etc.	ich	würde ... gesprochen haben, etc.

IMPÉRATIF

Singulier		sprich...!
Pluriel	1re personne	sprechen wir...!
	2e personne	sprecht...!
Forme de politesse		sprechen Sie...!

Au sens transitif (effrayer, épouvanter), *erschrecken*, **ab**schrecken, **auf**schrecken, **zurück**schrecken suivent la conjugaison faible.

INDICATIF

Temps simples

Présent		Prétérit	
ich	helf e	ich	half
du	hilf st	du	half st
er/sie/es	hilf t	er/sie/es	half
wir	helf en	wir	half en
ihr	helf t	ihr	half t
sie/Sie	helf en	sie/Sie	half en

Temps composés

Parfait			Plus-que-parfait		
ich	habe	… geholfen[1]	ich	hatte	… geholfen
du	hast	… geholfen	du	hattest	… geholfen
er/sie/es	hat	… geholfen	er/sie/es	hatte	… geholfen
wir	haben	… geholfen	wir	hatten	… geholfen
ihr	habt	… geholfen	ihr	hattet	… geholfen
sie/Sie	haben	… geholfen	sie/Sie	hatten	… geholfen

Futur I			Futur II		
ich	werde	… helfen	ich	werde	… geholfen haben
du	wirst	… helfen	du	wirst	… geholfen haben
er/sie/es	wird	… helfen	er/sie/es	wird	… geholfen haben
wir	werden	… helfen	wir	werden	… geholfen haben
ihr	werdet	… helfen	ihr	werdet	… geholfen haben
sie/Sie	werden	… helfen	sie/Sie	werden	… geholfen haben

INFINITIF		PARTICIPE	
Infinitif I	helfen	Participe I	helfend
Infinitif II	geholfen haben	Participe II	geholfen

1. Au contact d'un infinitif complément, la forme du part. II est *helfen*.
*Er hat mir ein Zimmer **suchen helfen**.* Il m'a aidé à trouver une chambre.

• *Helfen* est toujours suivi du **datif**.
*Sie **hilft** ihrer Mutter beim Kochen.* Elle aide sa mère à faire la cuisine.
• Suivent la même conjugaison :
– les composés de *helfen* : **ab**helfen *(+ D)*, remédier à ; **aus**helfen *(+ D)*, tirer d'embarras ; *(he)***raus**helfen*, aider à s'en sortir ; **weiter**helfen, aider à continuer ; *verhelfen (jmm. zu etw.)*, aider qn. à obtenir qch. ;

SUBJONCTIF I — SUBJONCTIF II

Temps simples

Présent		Présent (radical du prétérit)	
ich	helf e	ich	hälf e
du	helf e st	du	hälf e st
er/sie/es	helf e	er/sie/es	hälf e
wir	helf e n	wir	hälf e n
ihr	helf e t	ihr	hälf e t
sie/Sie	helf e n	sie/Sie	hälf e n

Temps composés

Passé			Passé		
ich	habe	... geholfen	ich	hätte	... geholfen
du	habest	... geholfen	du	hättest	... geholfen
er/sie/es	habe	... geholfen	er/sie/es	hätte	... geholfen
wir	haben	... geholfen	wir	hätten	... geholfen
ihr	habet	... geholfen	ihr	hättet	... geholfen
sie/Sie	haben	... geholfen	sie/Sie	hätten	... geholfen

Futur I			Futur I		
ich	werde	... helfen	ich	würde	... helfen
du	werdest	... helfen	du	würdest	... helfen
er/sie/es	werde	... helfen	er/sie/es	würde	... helfen
wir	werden	... helfen	wir	würden	... helfen
ihr	werdet	... helfen	ihr	würdet	... helfen
sie/Sie	werden	... helfen	sie/Sie	würden	... helfen

Futur II			Futur II		
ich	werde	... geholfen haben, etc.	ich	würde	... geholfen haben, etc.

IMPÉRATIF

Singulier	hilf...!
Pluriel 1ʳᵉ personne	helfen wir...!
2ᵉ personne	helft...!
Forme de politesse	helfen Sie...!

– *werfen*, lancer, et **abwerfen**, (re)jeter, rapporter (gain) ; **einwerfen**, introduire (pièce), objecter ; **umwerfen**, renverser ; **vorwerfen** (*jmm. etw.*), reprocher ; **wegwerfen**, jeter, dilapider (argent)... ;
– les verbes *sterben*, mourir ; *werben*, faire de la publicité, et *verderben*, gâter, corrompre. Au sens intransitif, se gâter, aux. **sein**.

INDICATIF

Temps simples

Présent		Prétérit	
ich	schwimm e	ich	schwamm
du	schwimm st	du	schwamm st
er/sie/es	schwimm t	er/sie/es	schwamm
wir	schwimm en	wir	schwamm en
ihr	schwimm t	ihr	schwamm t
sie/Sie	schwimm en	sie/Sie	schwamm en

Temps composés

Parfait			Plus-que-parfait		
ich	bin	… geschwommen	ich	war	… geschwommen
du	bist	… geschwommen	du	warst	… geschwommen
er/sie/es	ist	… geschwommen	er/sie/es	war	… geschwommen
wir	sind	… geschwommen	wir	waren	… geschwommen
ihr	seid	… geschwommen	ihr	wart	… geschwommen
sie/Sie	sind	… geschwommen	sie/Sie	waren	… geschwommen

Futur I			Futur II		
ich	werde	… schwimmen	ich	werde	… geschwommen sein
du	wirst	… schwimmen	du	wirst	… geschwommen sein
er/sie/es	wird	… schwimmen	er/sie/es	wird	… geschwommen sein
wir	werden	… schwimmen	wir	werden	… geschwommen sein
ihr	werdet	… schwimmen	ihr	werdet	… geschwommen sein
sie/Sie	werden	… schwimmen	sie/Sie	werden	… geschwommen sein

INFINITIF		PARTICIPE	
Infinitif I	schwimmen	Participe I	schwimmend
Infinitif II	geschwommen sein	Participe II	geschwommen

On rapprochera de *schwimmen* :
• avec **sein**, les composés :
davon-, **fort-**, **weg***schwimmen*, s'éloigner à la nage ; **durch***schwimmen*, traverser à la nage ;
hinüber*schwimmen*, passer sur l'autre rive ; **zurück***schwimmen*, revenir à la nage ;
De même *rinnen* (aux. **sein**) couler, ruisseler, et ses composés : *entrinnen (**ist entronn**en)*, échapper
à ; *verrinnen*, s'écouler ; *gerinnen (Milch, Blut)*, cailler, se coaguler.
• avec **haben**, les verbes :
gewinnen, gagner ; *beginnen*, commencer ; *sinnen*, réfléchir, et ses composés : *sich besinnen*,
réfléchir à, se souvenir de ; *ersinnen*, imaginer ; **nach***sinnen (über)*, méditer.

SUBJONCTIF I	SUBJONCTIF II

Temps simples

Présent		Présent (radical du prétérit)	
ich	schwimm e	ich	schwämm e
du	schwimm e st	du	schwämm e st
er/sie/es	schwimm e	er/sie/es	schwämm e
wir	schwimm e n	wir	schwämm e n
ihr	schwimm e t	ihr	schwämm e t
sie/Sie	schwimm e n	sie/Sie	schwämm e n

Temps composés

Passé			Passé		
ich	sei	... geschwommen	ich	wäre	... geschwommen
du	seist	... geschwommen	du	wärest	... geschwommen
er/sie/es	sei	... geschwommen	er/sie/es	wäre	... geschwommen
wir	seien	... geschwommen	wir	wären	... geschwommen
ihr	seiet	... geschwommen	ihr	wäret	... geschwommen
sie/Sie	seien	... geschwommen	sie/Sie	wären	... geschwommen

Futur I			Futur I		
ich	werde	... schwimmen	ich	würde	... schwimmen
du	werdest	... schwimmen	du	würdest	... schwimmen
er/sie/es	werde	... schwimmen	er/sie/es	würde	... schwimmen
wir	werden	... schwimmen	wir	würden	... schwimmen
ihr	werdet	... schwimmen	ihr	würdet	... schwimmen
sie/Sie	werden	... schwimmen	sie/Sie	würden	... schwimmen

Futur II		Futur II	
ich	werde ... geschwommen sein, etc.	ich	würde ... geschwommen sein, etc.

IMPÉRATIF

Singulier	schwimm(e)...!
Pluriel 1re personne	schwimmen wir...!
2e personne	schwimmt...!
Forme de politesse	schwimmen Sie...!

INDICATIF

Temps simples

Présent		Prétérit	
ich	sing e	ich	sang
du	sing st	du	sang st
er/sie/es	sing t	er/sie/es	sang
wir	sing en	wir	sang en
ihr	sing t	ihr	sang t
sie/Sie	sing en	sie/Sie	sang en

Temps composés

Parfait			Plus-que-parfait		
ich	habe	... gesungen	ich	hatte	... gesungen
du	hast	... gesungen	du	hattest	... gesungen
er/sie/es	hat	... gesungen	er/sie/es	hatte	... gesungen
wir	haben	... gesungen	wir	hatten	... gesungen
ihr	habt	... gesungen	ihr	hattet	... gesungen
sie/Sie	haben	... gesungen	sie/Sie	hatten	... gesungen

Futur I			Futur II		
ich	werde	... singen	ich	werde	... gesungen haben
du	wirst	... singen	du	wirst	... gesungen haben
er/sie/es	wird	... singen	er/sie/es	wird	... gesungen haben
wir	werden	... singen	wir	werden	... gesungen haben
ihr	werdet	... singen	ihr	werdet	... gesungen haben
sie/Sie	werden	... singen	sie/Sie	werden	... gesungen haben

INFINITIF		PARTICIPE	
Infinitif I	singen	Participe I	singend
Infinitif II	gesungen haben	Participe II	gesungen

- *Finden,* trouver, se distingue du verbe *singen* par la présence du **e** euphonique devant les marques *-st*, *-t* du présent : *ich finde, du findest, er findet, wir finden, ihr findet, sie finden*, et du prétérit : *ich fand, du fandest, er fand, ihr fandet*.
- Suivent tous le modèle de *singen* les verbes forts en *i* dont le radical se termine :
a. par *-ng* : entre autres *dringen*, pénétrer ; *springen*, sauter ;
b. par *-nk* : entre autres *trinken*, boire ; *sinken*, s'enfoncer, sombrer.
- On rapprochera de *finden* ses composés, et tous les verbes forts dont le radical se termine en *-nd*.

SUBJONCTIF I	SUBJONCTIF II

Temps simples

Présent		Présent (radical du prétérit)	
ich	sing e	ich	säng e
du	**sing e st**	du	säng e st
er/sie/es	**sing e**	er/sie/es	säng e
wir	sing e n	wir	säng e n
ihr	**sing e t**	ihr	säng e t
sie/Sie	sing e n	sie/Sie	säng e n

Temps composés

Passé			Passé		
ich	habe	... gesungen	ich	hätte	... gesungen
du	**habest**	... **gesungen**	du	hättest	... gesungen
er/sie/es	**habe**	... **gesungen**	er/sie/es	hätte	... gesungen
wir	haben	... gesungen	wir	hätten	... gesungen
ihr	**habet**	... **gesungen**	ihr	hättet	... gesungen
sie/Sie	haben	... gesungen	sie/Sie	hätten	... gesungen

Futur I			Futur I		
ich	werde	... singen	ich	würde	... singen
du	**werdest**	... **singen**	du	würdest	... singen
er/sie/es	**werde**	... **singen**	er/sie/es	würde	... singen
wir	werden	... singen	wir	würden	... singen
ihr	werdet	... singen	ihr	würdet	... singen
sie/Sie	werden	... singen	sie/Sie	würden	... singen

Futur II		Futur II	
ich	werde ... gesungen haben, etc.	ich	würde ... gesungen haben, etc.

IMPÉRATIF

Singulier	sing(e)...![1]
Pluriel 1re personne	singen wir...!
2e personne	singt...!
Forme de politesse	singen Sie...!

▌1. *Finden* : singulier : *finde*...! pluriel 2e pers. : *findet*...!

INDICATIF

Temps simples

Présent		Prétérit	
ich	geh e	ich	ging
du	geh st	du	ging st
er/sie/es	geh t	er/sie/es	ging
wir	geh en	wir	ging en
ihr	geh t	ihr	ging t
sie/Sie	geh en	sie/Sie	ging en

Temps composés

Parfait			Plus-que-parfait		
ich	bin	... gegangen	ich	war	... gegangen
du	bist	... gegangen	du	warst	... gegangen
er/sie/es	ist	... gegangen	er/sie/es	war	... gegangen
wir	sind	... gegangen	wir	waren	... gegangen
ihr	seid	... gegangen	ihr	wart	... gegangen
sie/Sie	sind	... gegangen	sie/Sie	waren	... gegangen

Futur I			Futur II		
ich	werde	... gehen	ich	werde	... gegangen sein
du	wirst	... gehen	du	wirst	... gegangen sein
er/sie/es	wird	... gehen	er/sie/es	wird	... gegangen sein
wir	werden	... gehen	wir	werden	... gegangen sein
ihr	werdet	... gehen	ihr	werdet	... gegangen sein
sie/Sie	werden	... gehen	sie/Sie	werden	... gegangen sein

INFINITIF		PARTICIPE	
Infinitif I	gehen	Participe I	gehend
Infinitif II	gegangen sein	Participe II	gegangen

On rattachera au verbe *gehen* les composés formés :
- d'une particule verbale : **aus**gehen, sortir ; **fort**gehen, **weg**gehen, partir.

De même que *gehen*, tous ces verbes forment les temps composés du passé avec l'auxiliaire **sein**.
*Sie **sind** heute Nachmittag **weg**gegangen.* Ils sont partis cet après-midi.
- d'un préfixe inaccentué :

*Er **hat** Selbstmord **begangen**.* Il s'est suicidé.
*Die Zeit **ist** schnell **vergangen**.* Le temps a passé vite.
- d'une particule inaccentuée : *übergehen (+ A)*, omettre, laisser passer ; *umgehen (+ A)*, contourner, éluder.

SUBJONCTIF I	SUBJONCTIF II

Temps simples

Présent		Présent (radical du prétérit)	
ich	geh e	ich	ging e
du	geh e st	du	ging e st
er/sie/es	geh e	er/sie/es	ging e
wir	geh e n	wir	ging e n
ihr	geh e t	ihr	ging e t
sie/Sie	geh e n	sie/Sie	ging e n

Temps composés

Passé			Passé		
ich	sei	... gegangen	ich	wäre	... gegangen
du	seist	... gegangen	du	wärest	... gegangen
er/sie/es	sei	... gegangen	er/sie/es	wäre	... gegangen
wir	seien	... gegangen	wir	wären	... gegangen
ihr	seiet	... gegangen	ihr	wäret	... gegangen
sie/Sie	seien	... gegangen	sie/Sie	wären	... gegangen

Futur I			Futur I		
ich	werde	... gehen	ich	würde	... gehen
du	werdest	... gehen	du	würdest	... gehen
er/sie/es	werde	... gehen	er/sie/es	würde	... gehen
wir	werden	... gehen	wir	würden	... gehen
ihr	werdet	... gehen	ihr	würdet	... gehen
sie/Sie	werden	... gehen	sie/Sie	würden	... gehen

Futur II			Futur II		
ich	werde	... gegangen sein, etc.	ich	würde	... gegangen sein, etc.

IMPÉRATIF

Singulier	geh(e)...!
Pluriel 1re personne	gehen wir !
2e personne	geht...!
Forme de politesse	gehen Sie...!

157

INDICATIF

Temps simples

Présent			Prétérit	
ich	mahl e		ich	mahlt e
du	mahl st		du	mahlt e st
er/sie/es	mahl t		er/sie/es	mahlt e
wir	mahl en		wir	mahlt e n
ihr	mahl t		ihr	mahlt e t
sie/Sie	mahl en		sie/Sie	mahlt e n

Temps composés

Parfait			Plus-que-parfait		
ich	habe	… gemahlen	ich	hatte	… gemahlen
du	hast	… gemahlen	du	hattest	… gemahlen
er/sie/es	hat	… gemahlen	er/sie/es	hatte	… gemahlen
wir	haben	… gemahlen	wir	hatten	… gemahlen
ihr	habt	… gemahlen	ihr	hattet	… gemahlen
sie/Sie	haben	… gemahlen	sie/Sie	hatten	… gemahlen

Futur I			Futur II		
ich	werde	… mahlen	ich	werde	… gemahlen haben
du	wirst	… mahlen	du	wirst	… gemahlen haben
er/sie/es	wird	… mahlen	er/sie/es	wird	… gemahlen haben
wir	werden	… mahlen	wir	werden	… gemahlen haben
ihr	werdet	… mahlen	ihr	werdet	… gemahlen haben
sie/Sie	werden	… mahlen	sie/Sie	werden	… gemahlen haben

INFINITIF	
Infinitif I	mahlen
Infinitif II	gemahlen haben

PARTICIPE	
Participe I	mahlend
Participe II	gemahlen

- *Mahlen* et les autres verbes de ce groupe appartiennent à la catégorie des « mutants » (p. 28) :
– le présent et le prétérit ont une conjugaison régulière (absence de variation du radical, -*te* au prétérit) ;
– seul le participe II conserve une terminaison **forte** : **-*en*** *(mahlen : gemahlen).*
- On rapprochera de *mahlen* :
a. le verbe *salzen, salzte, gesalzen* (plus rarement : *gesalzt*), saler ;
b. *spalten, spaltete, gespalten,* fendre ; *hauen, haute, gehauen,* frapper (→ **36**) et leurs composés.
Ces caractéristiques s'appliquent aussi à *backen, backte, gebacken,* cuire au four (→ **34**).

SUBJONCTIF I	SUBJONCTIF II

Temps simples

Présent		Présent (prétérit de l'indicatif)	
ich	mahl e	ich	mahl te
du	**mahl e st**	du	mahl te st
er/sie/es	**mahl e**	er/sie/es	mahl te
wir	mahl e n	wir	mahl te n
ihr	**mahl e t**	ihr	mahl te t
sie/Sie	mahl e n	sie/Sie	mahl te n

Temps composés

Passé			Passé		
ich	habe	... gemahlen	ich	hätte	... gemahlen
du	**habest**	**... gemahlen**	du	hättest	... gemahlen
er/sie/es	**habe**	**... gemahlen**	er/sie/es	hätte	... gemahlen
wir	haben	... gemahlen	wir	hätten	... gemahlen
ihr	**habet**	**... gemahlen**	ihr	hättet	... gemahlen
sie/Sie	haben	... gemahlen	sie/Sie	hätten	... gemahlen

Futur I			Futur I		
ich	werde	... mahlen	ich	würde	... mahlen
du	**werdest**	**... mahlen**	du	würdest	... mahlen
er/sie/es	**werde**	**... mahlen**	er/sie/es	würde	... mahlen
wir	werden	... mahlen	wir	würden	... mahlen
ihr	werdet	... mahlen	ihr	würdet	... mahlen
sie/Sie	werden	... mahlen	sie/Sie	wurden	... mahlen

Futur II			Futur II		
ich	werde	... gemahlen haben, etc.	ich	würde	... gemahlen haben, etc.

IMPÉRATIF

Singulier	mahl(e)...!
Pluriel 1re personne	mahlen wir...!
2e personne	mahlt...!
Forme de politesse	mahlen Sie...!

Pluriel 1re personne mahlen wir...!
2e personne mahlt...!

Index

alphabétique

- Le numéro en fin de ligne renvoie au tableau de conjugaison.

- Les verbes intransitifs conjugués avec sein sont indiqués à la 3e personne du singulier : verbe (ist).

- Quand un verbe peut avoir un double emploi, intransitif et transitif, nous le notons de la manière suivante :

ex. pour **fahren 33**

1. (ist) = v. intr. auxiliaire sein ;
2. + A = emploi trans. (plus rare) C.O.D. (complément d'objet direct) à l'accusatif.

- Le pronom *sich* marque un emploi pronominal ou réfléchi du verbe.

- Les particules verbales – à distinguer des préfixes inséparables – sont imprimées en gras.

- Les verbes types sont imprimés en couleur.

a

°**ab**knabbern + A 6b
°**ab**knallen + A 6
°**ab**kneifen + A 20
°**ab**knicken + A 6
°**ab**knipsen + A 6
°**ab**knöpfen + D + A 6
°**ab**kochen + A 6
°**ab**kommandieren + A 8
°**ab**kommen (ist), von 32
°**ab**koppeln + A 6a
°**ab**kratzen + A 6
°**ab**kriegen + A 6
°**ab**kühlen + A, *sich* 6
°**ab**kürzen + A 6
°**ab**küssen + A 6
°**ab**laden + A 33
°**ab**lagern + A, *sich* 6b
°**ab**lassen + A, von 40
°**ab**laufen (ist) 36
°**ab**lauschen + D + A 6
°**ab**lauten, intr. (hat) 7
°**ab**läuten + A 7
°**ab**leben 1. + A, 2. (ist) 6
°**ab**lecken, + A 6
°**ab**legen + A 6
°**ab**lehnen + A 6
°**ab**leiern + A 6b
°**ab**leisten + A 7
°**ab**leiten + A, aus 7
°**ab**lenken + A, von 6
°**ab**lernen (+ D) + A 6
°**ab**lesen + A 30
°**ab**leuchten + A 7
°**ab**leugnen + A 7
°**ab**lichten + A 7
°**ab**liefern (+ D) + A 6b
°**ab**liegen, intr. (hat) 42
°**ab**listen + D + A 7
°**ab**lochen + A 6
°**ab**locken + D + A 6
°**ab**löschen + A 6
°**ab**lösen + A 6
°**ab**luchsen + D + A 6
°**ab**lutschen + A 6
°**ab**machen + A 6

°**ab**magern (ist) 6b
°**ab**mähen + A 6
°**ab**malen + A 6
°**ab**marschieren (ist) 8
°**ab**matten + A 7
°**ab**meißeln + A 6a
°**ab**melden + A, *sich* 7
°**ab**melken + D + A 27
°**ab**messen + A 31
°**ab**mildern + A 6b
°**ab**montieren + A 8
°**ab**mühen, *sich*, mit 5
°**ab**murksen + A 6
°**ab**mustern + A 6b
°**ab**nabeln + A 6a
°**ab**nagen + A 6
°**ab**nähen + A 6
°**ab**nehmen (+ D) + A 46
°**ab**nötigen + D + A 6
°**ab**nutzen + A 6
abon°nieren + A 8
°**ab**ordnen + A 7
°**ab**packen + A 6
°**ab**paddeln, *sich* 6a
°**ab**passen + A 6
°**ab**pausen + A 6
°**ab**perlen (ist) 6
°**ab**pfeifen + A 20
°**ab**pflücken + A 6
°**ab**plagen, *sich*, mit 5
°**ab**platten + A / (ist) 7
°**ab**platzen (ist) 6
°**ab**prägen + A 6
°**ab**prallen (ist) 6
°**ab**pressen + D + A 6
°**ab**pumpen + A 6
°**ab**putzen + A 6
°**ab**quälen, *sich* 5
°**ab**quetschen, *sich* (D) + A 6
°**ab**rackern, *sich*, mit 6b
°**ab**rahmen + A 6
°**ab**rasieren + A 8
°**ab**raten + D, von 35
°**ab**räumen + A 6
°**ab**rauschen (ist) 6

°anmustern + A	6b	°anreizen + A (zu)	6
°anmuten + A	7	°anrempeln + A	6a
°annageln + A	6a	°anrennen (ist) / + A	9
°annähen + A, an + A	6	°anrichten + A	7
°annähern, sich + D	6b	°anrollen (ist)	6
°annehmen + A	46	°anrosten (ist)	7
annek°tieren + A	8	°anrucken, intr. (hat)	6
annon°cieren + A	8	°anrücken (ist) / + A	6
annul°lieren + A	8	°anrudern (ist)	6b
°anöden + A	7	°anrufen + A	39
°anordnen + A	7	°anrühren + A	6
°anpacken + A	6	°ansagen + A	6
°anpaddeln (ist)	6a	°ansägen + A	6
°anpassen + A, sich, + D	6	°ansammeln + A, sich	6a
°anpeilen + A	6	°ansäuern (ist) / + A	6b
°anpeitschen + A, zu	6	°ansaugen + A	25
°anpfeifen + A	20	°ansausen (ist)	6
°anpflanzen + A	6	°anschaffen, sich (D) + A	6
°anpflocken + A	6	°anschalten + A	7
°anpicken + A	6	°anschauen, sich (D) + A	6
°anpinseln + A	6a	°anschicken, sich, zu	5
°anpöbeln + A	6a	°anschieben + A	22
°anprallen (ist)	6	°anschießen 1. + A, 2. (ist)	26
°anprangern + A	6b	°anschirren + D + A	6
°anpreisen + A	19	°anschlagen 1. + A, 2. (ist)	33
°anpressen + A, an + A	6	°anschleichen (ist)	20
°anprobieren + A	8	°anschleifen + A	20
°anpumpen + A (um)	6	°anschleppen + A	6
°anquatschen + A	6	°anschließen + A, an, sich + D	26
°anradeln (ist)	6a	°anschmieden + A	7
°anrasen (ist)	6	°anschmiegen, sich, an + A	5
°anrasseln (ist) + A	6a	°anschmieren, sich	5
°anraten + D + A	35	°anschmoren + A	6
°anrattern (ist)	6b	°anschnallen + A, sich	6
°anrauchen + A	6	°anschnauzen + A	6
°anrauschen (ist)	6	°anschneiden + A	20
°anrechnen + D + A	7	°anschrauben + A	6
°anreden + A	7	°anschreiben + A	19
°anregen + A	6	°anschreien + A	19
°anreichen + A	6	°anschuldigen + A + G / wegen	6
°anreichern + A, mit	6b	°anschüren + A	6
°anreihen + A, sich	6	°anschwärmen (ist) / + A	6
°anreisen (ist)	6	°anschwärzen + A	6
°anreißen + A	20	°anschweißen + A	6
°anreiten (ist)	20	°anschwellen (ist)	27

b

C

d

°durchblicken, intr. (hat)	6
°durchbluten intr. (hat)	7
durch°bluten + A	7
°durchbohren + A (durch)	6
durch°bohren + A	6
°durchbraten + A	35
°durchbrechen 1. + A, 2. (ist)	47
durch°brechen + A	47
°durchbrennen (ist)	9
°durchbringen + A	11
°durchchecken + A	6
°durchdenken + A	11
durch°denken + A	11
°durchdrängeln, sich	6a
°durchdrängen, sich	5
°durchdrehen 1. + A, 2. intr. (hat) / (ist)	6
°durchdringen (ist)	50
durch°dringen + A	50
°durchdrücken + A	6
°durch dürfen	13
°durcheilen (ist), durch	6
durch°eilen + A	6
durchein°ander bringen + A	11
durchein°ander gehen (ist)	51
durchein°ander geraten (ist)	35
durchein°ander laufen (ist)	36
durchein°ander liegen, intr. (hat)	42
durchein°ander reden, intr. (hat)	7
durchein°ander rufen, intr. (hat)	39
durchein°ander schreien, intr. (hat)	19
durchein°ander werfen + A	48
°durchfahren + A	33
durch°fahren + A	33
°durchfallen (ist), bei, in + D	40
°durchfechten + A, sich	27
°durchfeilen + A	6
°durchfinden, sich	50
°durchflechten + A, durch	27
durch°flechten + A, mit	27
°durchfliegen (ist), durch	22
durch°fliegen + A	22
°durchfließen (ist), durch	26
durch°fließen + A	26
°durchfluten (ist), durch	7
durch°fluten + A	7
°durchformen + A	6
durch°forschen + A	6
durch°forsten + A	7
°durchfragen, sich (nach)	5
°durchfressen + A, sich	31
durch°fressen + A	31
°durchfrieren (ist)	22
°durchfühlen + A	6
°durchführen + A	6
durch°furchen + A	6
°durchgeben + A	30
°durchgehen (ist)	51
°durchgraben + A, durch	33
°durchgreifen, intr. (hat)	20
°durchhaben + A	2
°durchhalten + A	40
°durchhängen, intr. (hat)	41
°durchhauen + A, sich	36
°durchhecheln + A	6a
°durchheizen + A	6
°durchhelfen + D (sich)	48
°durchhören + A	6
°durchjagen + A, durch / (ist)	6
°durchkämmen + A	6
durch°kämmen + A	6
°durchkämpfen (+ A), sich	6
°durchkommen (ist)	32
°durch können	12
°durchkramen + A	6
°durchkreuzen + A	6
durch°kreuzen + A	6
°durchkriechen (ist)	26
°durchladen (+ A)	33
°durchlassen + A	40
°durchlaufen (ist), durch	36
durch°laufen + A	36
durch°leben + A	6
°durchlesen + A	30
°durchleuchten, intr. (hat)	7
durch°leuchten + A	7
durch°löchern + A	6b
°durchlotsen + A, durch	6
°durchlüften + A	7
°durchmachen + A	6

$$\underline{\varrho}$$

f

g

h

(*) Pour les autres composés avec **hinab-**, voir hinunter.

(*) Pour les autres verbes formés de la particule **hin-**, on se reportera au verbe simple.

j

k

l

𝑛

°**nahe** legen + D + A	6	°**nieder**brechen + A / (ist)	47
°**nahe** liegen, intr. (hat)	42	°**nieder**brennen (ist) / + A	9
°**nahen** (ist)	6	°**nieder**drücken + A	6
°**nähen** + A, mit	6	°**nieder**gehen (ist)	51
°**näher** bringen + D + A	11	°**nieder**halten + A	40
°**näher** kommen (ist) + D	32	°**nieder**hauen + A	36
°**näher** liegen, intr. (hat)	42	°**nieder**hocken, intr. (hat)	6
°**nähern**, *sich* + D	6b	°**nieder**holen + A	6
°**näher** stehen, intr. (hat) + D	29	°**nieder**kämpfen + A	6
°**näher** treten (ist) + D	30	°**nieder**kauern, intr. / *sich*	6b
°**nahe** stehen, intr. (hat) + D	29	°**nieder**knien, intr. / *sich*	6
°**nahe** treten (ist) + D	30	°**nieder**knüppeln + A	6a
°**nähren** + A, *sich*, von	6	°**nieder**lassen, *sich*	40
°**narben** + A	6	°**nieder**legen + A, *sich*	6
narkoti°**sieren** + A	8	°**nieder**machen + A	6
nasa°**lieren** + A	8	°**nieder**mähen + A	6
°**naschen** + A	6	°**nieder**prasseln (ist)	6a
°**nässen** + A	6	°**nieder**reißen + A	20
nationali°**sieren** + A	8	°**nieder**schießen + A	26
naturali°**sieren** + A	8	°**nieder**schlagen + A	33
°**nebeln**, imp. (es)	6a	°**nieder**schmettern + A	6b
nebenein°**ander** halten + A	40	°**nieder**schreiben + A	19
nebenein°**ander** legen + A	6	°**nieder**setzen, *sich*, + A	5
nebenein°**ander** liegen, intr. (hat)	42	°**nieder**sinken (ist)	50
nebenein°**ander** setzen + A	6	°**nieder**steigen (ist)	19
nebenein°**ander** sitzen, intr.	44	°**nieder**stimmen + A	6
nebenein°**ander** stehen, intr.	29	°**nieder**stoßen 1. + A, 2. (ist)	38
nebenein°**ander** stellen + A	6	°**nieder**strecken + A, *sich*	6
neben°**her**fahren (ist)	33	°**nieder**stürzen (ist)	6
neben°**her**gehen (ist)	51	°**nieder**treten + A	30
neben°**her**laufen (ist)	36	°**nieder**walzen + A	6
neben**ordnen** + A	7	°**nieder**werfen, *sich*, + A	48
°**necken** + A	6	°**nieder**ziehen + A	22
ne°**gieren** + A	8	°**nieseln**, imp. (es)	6a
°**nehmen** + A	**46**	°**niesen**, intr. (hat)	6
°**neiden** + D + A	7	°**nieten** + A	7
°**neigen** + A, *sich*, zu	6	°**nippen**, intr. (hat), an + D	6
°**nennen** + A	9	°**nisten**, intr. (hat)	7
°**neppen** + A	6	ni°**trieren** + A	8
°**nerven** + A	6	nivel°**lieren** + A	8
°**nesteln**, intr. (hat)	6a	nominali°**sieren** + A	8
°**netzen** + A	6	nomi°**nieren** + A	8
neutrali°**sieren** + A	8	°**nörgeln**, intr. (hat), an + D	6a
°**nicken**, intr. (hat)	6	normali°**sieren** + A, *sich*	8
°**nieder**beugen + A, *sich*	6	°**normen** + A	6

(*) Pour les autres composés, voir **heraus-**.

(*) Pour les autres composés, voir **herein-**.

°rempeln + A	6a	rivali°sieren, intr. (hat) mit	8
°rennen (ist)	9	°robben (ist)	6
reno°vieren + A	8	°roboten, intr. (hat)	7
ren°tieren, *sich*	8	°röcheln, intr. (hat)	6a
renun°zieren, intr. (hat)	8	°rodeln, intr. (hat) / (ist)	6a
reorgani°sieren + A	8	°roden + A	7
repa°rieren + A	8	°röhren, intr. (hat)	6
repe°tieren, intr. (hat)	8	°rollen, (ist) / + A, *sich*	6
repräsen°tieren + A	8	°rollern (ist)	6b
reprivati°sieren + A	8	romanti°sieren (+ A)	8
reprodu°zieren + A, *sich*	8	°röntgen + A	6
reprogra°phieren + A	8	°rosten, intr. (ist) / (hat)	7
requi°rieren + A	8	°rösten + A	7
reser°vieren + A	8	°röten + A, *sich*	7
resi°dieren, intr. (hat)	8	ro°tieren, intr. (hat)	8
resig°nieren, intr. (hat)	8	°rotsehen, intr. (hat)	30
respek°tieren + A	8	°**rüber**kommen (ist)	32(*)
restau°rieren + A	8	°rucken, intr. (hat) / + A	6
restitu°ieren + A	8	°rücken 1. + A, 2. (ist)	6
resul°tieren, intr. (hat), aus	8	°**rücken**schwimmen, intr.	49
resü°mieren + A	8	°rückerstatten + D + A	7
°retten + A, aus / vor + D	7	°rückfragen, intr. bei	6
retu°schieren + A	8	°rückkoppeln + A	6a
°reuen + A, imp. (es)	6	°rücksiedeln + A	6a
revan°chieren, *sich*, für	8	°rückübersetzen + A	6
revi°dieren + A	8	°rückversichern, *sich*	6b
revitali°sieren + A	8	°**rückwärts** gehen (ist)	51
revol°tieren, intr., gegen	8	°rudern, intr. (hat) / (ist) / + A	6b
revolutio°nieren + A	8	rufen + A, zu	**39**
rezen°sieren + A	8	°rüffeln + A	6a
rezi°tieren + A	8	°rügen + A	6
°richten + A, auf, an + A / intr., über	7	°ruhen, intr. (hat)	6
°**richtig** liegen, intr. (hat)	42	°**ruhen** lassen + A	40
°**richtig** machen + A	6	°**ruhig** stellen + A	6
°**richtig** stellen + A	6	°rühmen + A, *sich* (+ G)	6
°riechen + A	26	°rühren + A, *sich*	6
°riegeln + A	6a	rui°nieren + A	8
°rieseln, intr. (hat) / (ist)	6a	°rülpsen, intr. (hat)	6
°riffeln + A	6a	°**rum**albern, intr. (hat)	6b
°rillen + A	6	°**rum**haben + A	2
°ringeln + A, *sich*, um	6a	°**rum**hängen, intr. (hat)	41
°ringen, intr. (hat), mit	50	°**rum**kriegen + A	6
°rinnen (ist)	49		
ris°kieren + A	8		
°ritzen + A, in + A, *sich*	6	(*) Voir **herüber-**.

t

𝓤

ver°langen + A, von	6
ver°längern + A, *sich*	6b
ver°langsamen + A	6
ver°lassen + A, *sich*, auf + A	40
ver°laufen (ist) / *sich*	36
ver°leben + A	6
ver°legen + A, *sich*, auf + A	6
ver°leiden + D + A	7
ver°leihen + D + A	19
ver°leiten + A, zu	7
ver°lernen + A	6
ver°lesen + A, *sich*	30
ver°letzen + A, *sich*	6
ver°leugnen + A	7
ver°leumden + A	7
ver°lieben, *sich*, in + A	5
ver°lieren + A	22
ver°loben, *sich*, mit	5
ver°locken + A, zu	6
ver°loren gehen (ist)	51
ver°löschen (ist)	27
ver°losen + A	6
ver°löten + A	7
ver°lottern 1. (ist), 2. + A	6b
ver°machen + D + A	6
ver°mählen, *sich*, mit	5
ver°markten + A	7
ver°masseln + A	6a
ver°mauern + A	6b
ver°mehren + A, *sich*	6
ver°meiden + A	19
ver°mengen + A, mit	6
ver°merken + A	6
ver°messen + A, *sich*	31
ver°mieten + A + D / an + A	7
ver°mindern + A, *sich*	6b
ver°minen + A	6
ver°mischen + A, mit	6
ver°missen + A	6
ver°mitteln + D + A	6a
ver°möbeln + A	6a
ver°modern (ist)	6b
ver°mögen + A	17
ver°mummen + A, *sich* (in + A)	6
ver°muten + A	7

ver°nachlässigen + A	6
ver°nageln + A, mit	6a
ver°nähen + A	6
ver°narben (ist)	6
ver°narren, *sich*, in + A	5
ver°nebeln + A	6a
ver°nehmen + A	46
ver°neigen, *sich*	5
ver°neinen + A	6
ver°netzen + A	6
ver°nichten + A	7
ver°niedlichen + A	6
ver°öden 1. (ist), 2. + A	7
ver°öffentlichen + A	6
ver°ordnen + D + A	7
ver°pachten + A + D / an + A	7
ver°packen + A	6
ver°passen + A	6
ver°pesten + A	7
ver°petzen + A	6
ver°pfänden + A	7
ver°pfeifen + A	20
ver°pflegen + A	6
ver°pflichten + A, *sich* zu	7
ver°pfuschen + A	6
ver°planen + A	6
ver°plaudern + A, *sich*	6b
ver°plempern + A, *sich*	6b
ver°pönen + A	6
ver°prassen + A	6
ver°prellen + A	6
ver°prügeln + A	6a
ver°putzen + A	6
ver°qualmen, intr. (hat) / + A	6
ver°quellen (ist)	27
ver°rammeln + A	6a
ver°raten + D + A	35
ver°rauchen (ist) / + A	6
ver°räuchern + A	6b
ver°rechnen + A, mit, *sich*	7
ver°recken (ist)	6
ver°regnen (ist)	7
ver°reisen (ist)	6
ver°renken + D *(sich)* + A	6
ver°rennen, *sich*	9

W

(*) Pour les autres composés de **weiter-**, voir le verbe simple.

Z

Imprimé en Italie par

LA TIPOGRAFICA VARESE
Società per Azioni

Varese
Dépôt légal : 18827 - Juin 2004